ポンチ絵と**Q&A**ですぐわかる

国際税務のポイント

〈法人課税編〉

コンパッソ税理士法人 編集

ビジネス教育出版社

はじめに

イタリア語で「羅針盤」を意味するコンパッソ。

本書は、法人の国際課税に焦点を当て、その複雑で難解な世界を航海する実務家にとっての羅針盤となればとの思いで出版しました。

国際課税とは、国境を越える経済活動に対する課税のことですが、国際課税の問題の中心は、一言で言えば、他国の課税権との競合を調整（国際的な二重課税を排除）しつつ、一方で課税の空白を防止（国際的な二重非課税に対処）することにより、自国の課税権を適切に確保することにあります（税制調査会令和5年6月30日「わが国税制の現状と課題」）。

我が国では、国際的二重課税の排除や自国の課税権の確保を目的に、国際的な議論も踏まえて累次の国内法等の整備が行われてきました。しかし、その結果、国際課税制度はますます複雑化し、難解なものとなっています。

このような環境変化の中、かつては大企業の問題とされる傾向にあった国際課税への対応が、近年では中堅企業においても必要不可欠となっています。

本書は、初心者にとって難解な国際課税制度の理解が容易に進むよう、視覚優先のアプローチやQ&A形式により、できる限り丁寧かつ簡潔に解説するとともに、グローバルビジネスの最前線で活躍する実務家にとっても必要十分な情報を凝縮した内容となっています。

本書には、他の税務書籍と比較して以下のような独自の特徴があります。

○　**視覚優先のアプローチ**

見開きの左ページに基準となる図表を配置し、右ページにその説明や解説を載せるという独特のレイアウトを採用しています。この視覚的な情報から始まる構成により、複雑な税務概念の理解を促進し情報の吸収を加速させます。

○　**直感的なQ&A形式**

ケーススタディをQ&A形式で提示し、読者の疑問に即座に答えを提供するとともに、詳細な説明を隣接することにより、質問に対する回答とその詳細をすぐに確認でき、効率的に情報を得ることができます。

○　**実務重視の内容構成**

実務家にとって最も重要な論点を中心に構成されています。これにより、読者は必要な情報を迅速に得ることができます。

○　**簡潔で直接的な文体**

丁寧語を避け、簡潔な文体を用いることにより効率的な情報取得を可能にしています。

○　柔軟な利用方法

　　本書は、最初から最後まで順番に読むことを想定していません。読者は必要な箇所を必要なときに参照できるよう構成されており、実務家の日々の業務をサポートします。

　　以上のとおり、本書は、国際課税制度における重要な論点を中心に初心者でも理解しやすいよう各分野を簡潔に説明しています。また企業の税務担当者の方々からのご要望に応え、実務家が必要な情報を迅速に得られるように構成されています。

　　コンパッソ税理士法人は、これまでも様々な媒体を通じて税務の課題に光を当ててきました。今後も税務のプロフェッショナルとして、企業の成長と発展を支える羅針盤を目指して皆様のビジネスの発展を全力でサポートしてまいります。

　　本書が、国際課税の迷宮を攻略する鍵を手に入れる一助となれば幸いです。

目　次

国際税務制度の仕組み ……………………………………………………………………………… 7

第1章　移転価格税制

1．移転価格税制の仕組み …………………………………………………………………… 10

2．移転価格税制の対象となる取引 ……………………………………………………… 12

3．みなし国外関連取引 ……………………………………………………………………… 12

4．国外関連者の範囲 ………………………………………………………………………… 14

5．独立企業間価格の算定方法 …………………………………………………………… 16

　⑴　独立価格比準法（CUP法：Comparable Uncontrolled Price Method）………… 18

　⑵　再販売価格基準法（RP法：Resale Price Method）…………………………… 20

　⑶　原価基準法（CP法：Cost Plus Method）……………………………………… 22

　⑷　利益分割法（PS法：Profit Split Method）…………………………………… 24

　⑸　取引単位営業利益法（TNMM：Transactional Net Margin Method）………… 28

　⑹　ディスカウントキャッシュフロー法（DCF法：Discount Cash Flow）……… 38

　【参考】移転価格算定手法の比較 ……………………………………………………… 40

6．移転価格課税を受けた場合の救済手段 …………………………………………… 46

7．事前確認制度（APA: Advance Pricing Arrangement）………………………… 50

8．別表17⑷　国外関連者に関する明細書 …………………………………………… 52

9．移転価格の文書化制度 ………………………………………………………………… 54

10．簡易な移転価格調査 …………………………………………………………………… 62

　⑴　本来の業務に付随した役務提供 ………………………………………………… 64

　⑵　企業グループ内役務提供（IGS：Intra Group Service）…………………… 68

　⑶　海外子会社との金融取引（資金の貸借取引・債務保証取引）…………… 74

第2章　国外関連者に対する寄附金

1．「国外関連者に対する寄附金」とは ………………………………………………… 80

2．海外子会社への出向者に対する給与負担 ………………………………………… 82

3．留守宅手当 …………………………………………………………………………………… 84

4．価格調整金 …………………………………………………………………………………… 86

5．業績不振の海外子会社等に対する支援（損失負担・無利息貸付け等）…… 90

6．移転価格課税・寄附金課税を受けないためのチェックポイント ………… 94

3

第3章 タックスヘイブン対策税制（外国子会社所得合算税制）

1．タックスヘイブン対策税制の対象となる外国法人の判定 ················ 100
　⑴　特定外国関係会社 ················ 102
　⑵　対象外国関係会社 ················ 104
　⑶　部分対象外国関係会社 ················ 104
2．会社単位の合算課税の計算プロセス ················ 106

第4章 過少資本税制　115

第5章 過大支払利子税制　123

第6章 外国税額控除

1．控除限度額 ················ 136
2．国外所得金額の計算 ················ 138
3．外国税額控除の適用時期 ················ 142
4．控除余裕額および控除限度超過額の繰越し ················ 144
5．外国税額控除と損金算入との選択 ················ 146

第7章 外国子会社配当益金不算入制度　153

第8章 グローバル・ミニマム課税　159

〈コラム〉米国の移転価格文書等 ………………………………………………………… 78

〈参考〉外貨建取引の換算等 ………………………………………………………………… 96

【凡 例】

1　法令および通達の略語は、次によります。

法法 ＝法人税法（昭和40年法律第34号）

法令 ＝法人税法施行令（昭和40年政令第97号）

通則法 ＝国税通則法（昭和37年法律第66号）

通則令＝国税通則法施行令（昭和37年政令第135号）

措法 ＝租税特別措置法（昭和32年法律第26号）

措令 ＝租税特別措置法施行令（昭和32年政令第43号）

措規 ＝租税特別措置法施行規則（昭和32年大蔵省令第15号）

法基通＝法人税基本通達（昭和44年5月1日直審（法）25（例規））

措通 ＝租税特別措置法関係通達（昭和50年2月14日直法2-2（例規））

租税条約等実施特例法 ＝租税条約等の実施に伴う所得税法、法人税法及び地方税法の特例
　　　　　　　　　　　等に関する法律（昭和44年法律第46号）

租税条約等実施特例省令＝租税条約等の実施に伴う所得税法、法人税法及び地方税法の特
　　　　　　　　　　　例等に関する法律の施行に関する省令（昭和44年大蔵省・自治
　　　　　　　　　　　省令第1号）

指針 ＝移転価格事務運営要領の制定について（事務運営指針）（平成13年6月1日付査調7-1
　　　　ほか3課共同）

参考事例集 ＝別冊 移転価格税制の適用に当たっての参考事例集

OECD移転価格ガイドライン ＝OECD Transfer Pricing Guidelines for Multinational
　　　　　　　　　　　　　　Enterprises and Tax Administrations（OECD多国籍企
　　　　　　　　　　　　　　業及び税務当局のための移転価格ガイドライン）

2 条文の符号
1、2 ＝条を示します。
①、② ＝項を示します。
一、二 ＝号を示します。

〈引用例〉
措法66の4②一 ＝租税特別措置法第66条の4第2項第1号

国際税務制度の仕組み：国境を越える経済活動の課税の取扱い

	No.	税　制	内　容	対　象
国家間の課税権の適正配分	I	移転価格税制（措法66の4）	海外の親会社や子会社（国外関連者）との間での取引価格の操作により所得を海外に移転することが可能。国外関連者との間で低額譲渡や高価買入が行われた場合には、適正な取引価格（独立企業間価格）で取引をしたものとみなして所得を計算	国外関連者
	II	国外関連者に対する寄附金（措法66の4）	法人が支出した寄附金のうち国外関連者に対する寄附金は、その全額が損金不算入。自社の資産の贈与や経済的な利益の無償の供与等も含む。	
	III	タックスヘイブン対策税制（措法66の6）	法人税負担が著しく低い国や地域の外国子会社（ペーパーカンパニー等）への所得留保等を利用した租税回避抑制のため外国子会社の所得を親会社の所得として合算課税	外国関係会社外国子会社
	IV	過少資本税制（措法66の5）	外国親会社等からの資金導入にあたり出資ではなく負債とすることで支払利子を損金算入して所得減少が可能なため内国法人が国外支配株主等に負債利子を支払う場合、その支払利子のうち、その負債が資本持分の3倍を超える部分に対応する金額は損金不算入	国外支配株主等
	V	過大支払利子税制（措法66の5の2）	対象純支払利子が調整所得金額の20％相当額を超える部分の金額は損金不算入 支払利子を利用した課税所得の海外への流出に関して、移転価格税制や過少資本税制で対応できない部分を補完	外国法人等
国際的な二重課税の排除	VI	外国税額控除（法法69）	内国法人に対する日本の法人税は、国内所得のみならず国外所得に対しても課される。この場合、国外所得については外国法人税と日本の法人税が二重に課されることとなってしまうため、二重課税を排除するための制度。外国法人税を法人税額から控除するとともに、所得計算上は損金不算入	内国法人の外国税額
	VII	外国子会社配当益金不算入（法法23の2）	外国子会社の受取配当金は、その95％を益金不算入 外国子会社が獲得した利益を国内親会社に配当によって還元する場合、日本で法人課税が生じるという税制上の障害を取り除く。	外国子会社

7

第1章

移転価格税制

1 移転価格税制の仕組み

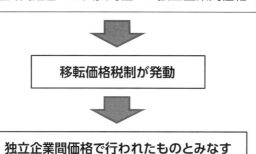

○関連者取引

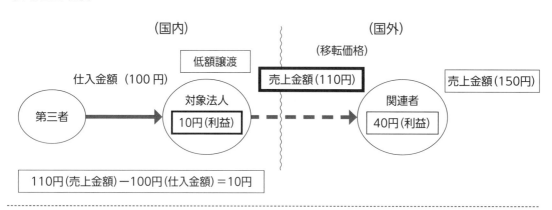

○第三者間取引

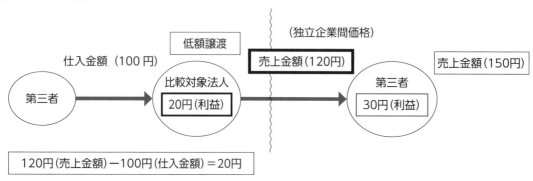

（出典）財務省「移転価格税制の概要」

移転価格税制

企業が海外の関連企業（国外関連者）と取引を行う場合、その取引価格を通常の第三者間取引における価格と異なる金額に設定することで、所得の海外移転が可能となる。

国外関連者との間の取引価格の操作を通じた所得の海外移転を防止するため、国外関連者との取引が「独立企業間価格」（ALP：Arm's Length Price：独立した第三者間で成立するであろう価格）で行われたものとみなして所得を計算し直し、課税する制度（措法66の4①）。これにより国税当局は海外へ移転した所得を取り戻す。

移転価格税制は、国家の税収の確保を目的とする制度であることから、日本の所得が海外に移転している場合（国外関連者から受け取る対価が独立企業間価格に満たない場合または国外関連者に支払う対価が独立企業間価格を超えている場合）に適用。

海外から日本に所得が移転している場合には適用されない。国外関連者に独立企業間価格を超える価格で販売していたとしても、確定申告書で減算調整することはできない。

別表4の調整 （措通66の4⑾-1）

対価と独立企業間価格との差額は、国外関連者に対する寄附金として認識せずに、その金額を「移転価格否認」として損金不算入。

対価と独立企業間価格との差額：移転価格否認（損金不算入）（加算 社外流出）

（別表4）

区　　分		総　　額	留　保	社外流出
加　　算	移転価格否認	××円		××円

左図の関連者取引では、親会社は第三者から100円で仕入れた商品を国外関連者に110円で販売しているのに対し、第三者間取引では同じ商品を海外の第三者に120円で販売。

この第三者への販売価格120円が独立企業間価格となる。

左図のケースでは、国外関連者に対して独立企業間価格120円より低い110円で販売することにより、10円の利益が海外に移転している。

この場合、我が国の国税当局は移転価格税制を適用し、国外関連者への販売価格を独立企業間価格である120円で行われたとみなし、海外に移転した所得10円を課税。

- イ　外国税額控除制度との関係　所得の内外区分を判定したうえで控除限度額の計算（指針3-24）
- ロ　過少資本税制との関係　過少資本税制を適用する場合には「負債の利子等」の算定において、独立企業間価格を超える部分の「負債の利子等」を含めないことに留意（指針3-25）。
- ハ　外国子会社合算税制との関係　適用対象金額の計算は独立企業間価格で行われたものとして計算（措令39の15①②）

移転価格税制と他法令との関係

法人税法以外の所得税法や消費税法の適用にあたっては、国外関連者との取引であっても独立企業間価格で行われたものとして置き換えることはしない。

2 移転価格税制の対象となる取引

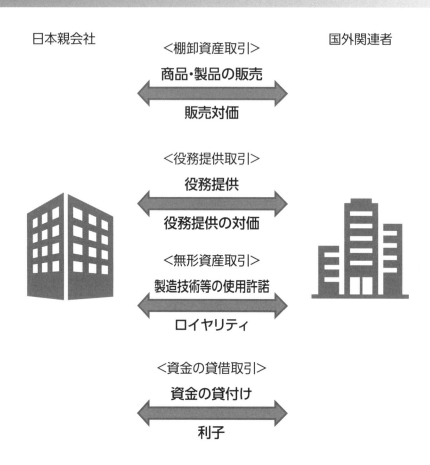

3 みなし国外関連取引

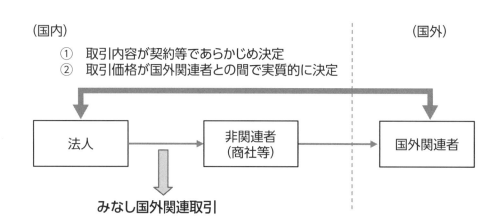

移転価格税制の対象は、対価性のあるすべての取引

・棚卸資産取引
・役務提供取引
・無形資産取引
・資金の貸借取引等

棚卸資産取引以外でも、以下のような取引も移転価格税制の対象

・国外関連者に対して役務提供をした場合の対価
・親会社が保有する無形資産を国外関連者に使用許諾した場合に収受するロイヤリティ
・親会社が国外関連者に資金を貸し付けた場合の受取利息

みなし国外関連取引

　移転価格税制は国外関連取引を対象としており、法人と非関連者との取引は原則として適用対象外となる。しかし、形式的には非関連者との取引であっても、国外関連者の間に第三者が挟まっているだけで、実質的には国外関連者との取引と認められる場合、その非関連者との取引を国外関連取引とみなして移転価格税制を適用。

判断基準

　取引の内容があらかじめ契約等で決められ、かつ取引価格が当該法人と国外関連者との間で実質的に決定されていると認められる（措法66の4⑤、措令39の12⑨）かが基準。

　国外関連者との取引の間に非関連者である商社等を形式的に介在させることにより移転価格税制の適用を回避すれば、国外関連者と直接取引を行う者との間で課税上の不公平が生じるため、設けられた規定。

4 国外関連者の範囲

【A社は日本、B社は外国にあるものとし、B社がA社の国外関連者となるケース】

① 持株関係

イ 親子関係

一方の法人が他方の法人の発行済株式等の50％以上を直接または間接に保有する関係

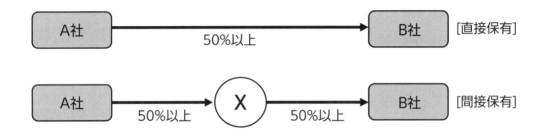

※ 間接の保有割合とは、50％以上の保有割合にある他の法人（X）を通じての割合

ロ 兄弟関係

2つの法人が同一の者（特殊の関係のある個人を含む）によって、それぞれ発行済株式等の50％以上を直接または間接に保有される関係

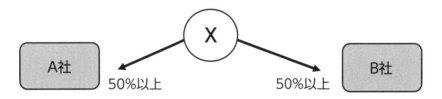

② 実質的支配関係

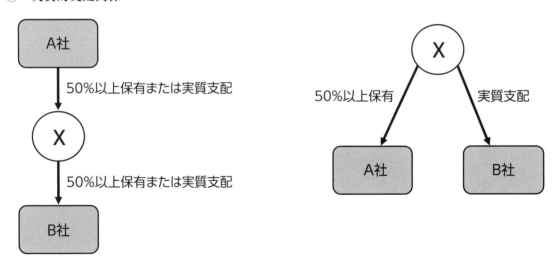

国外関連者の範囲

移転価格税制は、国外関連者との取引（国外関連取引）に対して適用。

国外関連者とは、その法人との間に次に掲げるいずれかの関係（特殊の関係）がある外国法人をいい、特殊の関係が存在するか否かは、両当事者間で取引が行われたときの現況により判定（措法66の4①、措令39の12①）。

> ① 持株関係（親子関係、兄弟関係）
> ② 実質的支配関係
> ③ 持株関係と実質的支配関係の連鎖関係

判定時期

国外関連者に該当するかどうかの判定は、それぞれの取引が行われた時の現況による。

実質的支配関係

一方の法人が他方の法人の事業の方針の全部または一部について実質的に決定できる関係

イ　役員関係

　　他方の法人の役員の2分の1以上または代表権を有する役員が、一方の法人の役員もしくは使用人を兼務しているか、またはかつて一方の法人の役員もしくは使用人であった者であること

ロ　取引依存関係

　　他方の法人がその事業活動の相当部分を一方の法人との取引に依存していること

ハ　資金依存関係

　　他方の法人がその事業活動に必要とされる資金の相当部分を一方の法人からの借入または一方の法人の保証を受けて調達していること

法人を支配する形態として、出資に拠らない役員の派遣、取引の依存、資金の提供を通じて、実質的に支配している場合もあることから設けられた。

持株関係と実質的支配関係の連鎖関係

左記のA社とB社は、持株関係または実質的支配関係により連鎖し、B社はA社の国外関連者。

5 独立企業間価格の算定方法

		算定方法		利益指標等
基本三法	①	独立価格比準法	CUP法	取引価格
	②	再販売価格基準法	RP法	売上総利益率（売上総利益／売上）
	③	原価基準法	CP法	マークアップ率（売上総利益／売上原価）
その他の方法	④	利益分割法	PS法	比較利益分割法
				寄与度分割法
				残余利益分割法
		取引単位営業利益法	TNMM	売上高営業利益率（営業利益／売上）
				総費用営業利益率（営業利益／総費用）
				ベリーレシオ（売上総利益／販管費）
		ディスカウントキャッシュフロー法	DCF法	取引価格（割引現在価値）

【独立企業間価格の算定方法の選定の流れ】

法人および国外関連者の事業内容等の検討

国外関連取引の内容等の検討

内部の非関連者間取引および外部の非関連者間取引に係る情報源の検討

比較対象取引候補の有無の検討

上記までの検討の結果に基づき最も適切な方法を選定
基本三法の適用における比較可能性が十分である場合は、基本三法を選定
CUP法の適用における比較可能性が十分である場合は、CUP法を選定

（出典）国税庁 移転価格税制事務運営要領『別冊 移転価格税制の適用に当たっての参考事例集』（4頁）を基に作成

移転価格税制では、独立企業間価格の算定方法として左記の6つの方法が規定。

個々の事業の状況に応じて最も適切な方法を選定（「ベストメソッドルール」）（措法66の4②、措令39の12⑧）。

独立企業間価格の算定方法は、独立企業原則に配意し、国外関連取引の内容および当該国外関連取引の当事者が果たす機能・リスクその他の個別事情を勘案し、比較可能な非関連者間取引との比較・検討を通じて独立企業間価格を算定するための最も適切な方法を事案に応じて選定。この勘案内容は、法人、国外関連者および非関連の事業の内容等ならびに次に掲げる諸要素を勘案（措通66の4(2)-1）。

・独立企業間価格の算定における各算定方法の長所および短所
・国外関連取引の内容および当該国外関連取引の当事者が果たす機能等に対する各算定方法の適合性
・各算定方法を適用するために必要な情報の入手可能性
・国外関連取引と非関連者間取引との類似性の程度

左記「独立企業間価格の算定方法」①～③までの算定方法は、「基本三法」と呼ばれ、④のその他の方法（「準ずる方法」および「その他政令で定める方法」）に比して独立企業間価格を直接的に算定することができる長所を有する。

独立価格比準法を選定することはできないが、②再販売価格基準法または③原価基準法の適用における比較可能性が十分であるときは、再販売価格基準法または原価基準法を最も適切な方法として選定（指針4-2）。

④その他の方法
・利益分割法（比較利益分割法、寄与度分割法、残余利益分割法）
・取引単位営業利益法
・ディスカウントキャッシュフロー法

独立企業間価格の算定方法の選定には、比較対象取引を用いる算定方法が採りうるのか、採りうるとしてどのような非関連者間取引が比較対象取引として適切か等、国外関連取引および非関連者間取引に係る情報や左記算定方法の①から④までの点を勘案し、「独立企業間価格の算定方法の選定の流れ」の手順により比較可能性分析を実施し、最も適切な方法を選定。

(1) 独立価格比準法（CUP法：Comparable Uncontrolled Price Method）

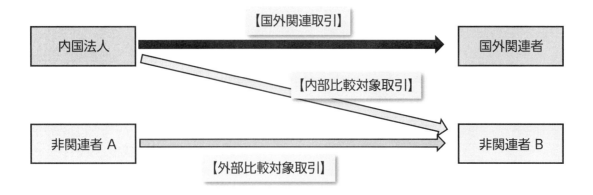

〈外部比較対象取引〉

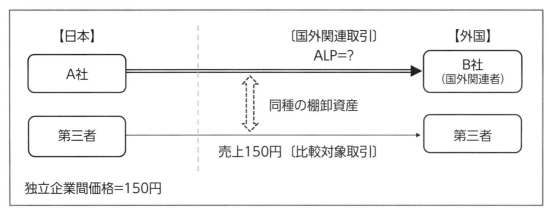

〈内部対象比較取引〉

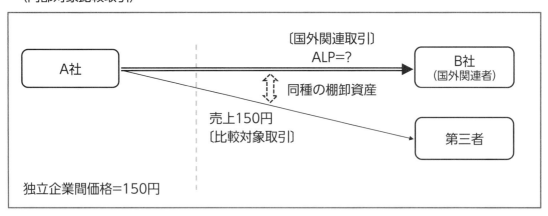

独立価格比準法

国外関連取引と比較可能な第三者間取引（比較対象取引）の価格（非関連者との同種、同状況下における取引対価）そのものを直接比較する方法。

特殊関係にない売手と買手が、国外関連取引に係る棚卸資産と同種の棚卸資産を国外関連取引と取引段階、取引数量その他同様の状況の下で売買した取引の対価の額を独立企業間価格とする。

国外関連取引と比較対象取引との間に取引段階、取引数量その他の差異がある場合、その差異を調整（措法66の4②一イ）。算定方法の候補が複数ある場合、独立価格比準法が最も適切な方法。

＜外部比較対象取引＞図のＡ社とＢ社との取引の独立企業間価格の算定において、第三者間の比較対象取引で、同種の商品が150円で販売されていた場合、独立企業間価格は150円と算定。

一方、第三者間で行われている同種の棚卸資産取引の情報が入手できない場合でも、＜内部比較対象取引＞図のようにＡ社が、国外関連者に販売する商品と同種の商品を同じ条件で第三者に販売している取引があれば、この第三者との取引価格が独立企業間価格となる。

●長所

独立企業間価格を直接的に算定。価格そのものを比較する方法であり、信頼性が高い方法。

なお、再販売価格基準法および原価基準法は、売上総利益に係る利益率に基づき算定された価格を比較するため、独立価格比準法に次いで独立企業間価格を直接的に算定。

●短所

比較対象取引に係る棚卸資産は、他の方法が「類似または同種」とは異なり「同種」と規定。資産または役務の内容の厳格な同種性が求められる。すなわち、商品や取引段階（小売段階か卸売段階か等）、取引数量、取引条件等において、高い類似性が必要。そのため、差異調整が困難な場合が多く、比較対象取引を見出すことが難しい方法で、ＣＵＰ法が実際に適用されるケースは限定的。

独立価格比準法は、内部比較対象取引[※1]や外部比較対象取引[※2]が存在する場合に有用な算定方法。

内国法人が非関連者Ｂに販売する製品が国外関連取引に係る取引と同種で、取引段階、取引数量その他が同様の状況であれば、内部比較対象取引に係る価格が独立企業間価格となる。

非関連者Ａが非関連者Ｂに販売する製品が国外関連取引に係る製品と同種で、取引段階、取引数量その他が同様の状況であれば、外部比較対象取引に係る価格が独立企業間価格となる。

一般的には、内部比較対象取引のほうが探しやすく、比較可能性も充足しやすい。

内部比較対象取引と外部比較対象取引の両取引が存在する場合、比較可能性を吟味。

※1　内部比較対象取引：比較対象取引が、法人が非関連者との間で行う取引
※2　外部比較対象取引：第三者間で行われる取引（取引所等で市場価格が形成されている取引等）

(2) 再販売価格基準法（RP法：Resale Price Method）

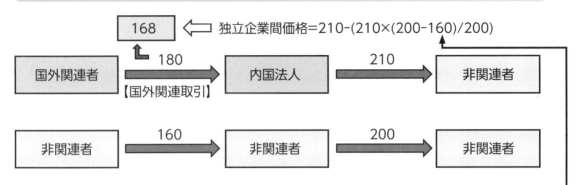

売上総利益の額/売上金額＝20% → 通常の利益率

独立企業間価格＝再販売価格－通常の利潤の額※
　　　　　　　＝再販売価格－（再販売価格×通常の利益率）
通常の利益率＝売上総利益/収入金額＝売上総利益率

※通常の利潤の額：国外関連取引に係る再販売価格210に比較対象取引に係る売上総利益率20%（通常の利益率）を乗じて算出した42
独立企業間価格：国外関連取引に係る再販売価格210から通常の利潤の額42を控除した168
所得移転額：国外関連取引に係る対価180と独立企業間価格168との差額12

【国外関連取引の損益】		【比較対象取引の損益】		【ALP】	
売上高	210	売上高	200		210
売上原価	180	売上原価	160		168
売上総利益	30	売上総利益	40		42
売上総利益率	14.2%	通常の利益率	20.0%	通常の利益率	20.0%

再販売価格基準法

　国外関連取引に係る棚卸資産の買手が特殊の関係にない者に対して棚卸資産を販売した対価（以下「再販売価格」）から通常の利潤の額を控除した額を国外関連取引の対価とする方法（措法66の4②一ロ）。

　国外関連取引における棚卸資産の買手が、その棚卸資産を第三者に販売している場合、その第三者への販売価格をもとに独立企業間価格を逆算。第三者への再販売価格から「通常の利潤の額」を控除した額を独立企業間価格とする。

　再販売価格基準法は、国外関連取引の買手が、国外関連者から仕入れた棚卸資産を第三者に販売することを前提。

　一般的に国外関連取引における買手が卸売業である場合に適用されるケースが多い。

　国外関連取引の買手の再販売価格－その買手の通常の利潤の額　（再販売価格 ×売上利益率）

　通常の利潤の額：第三者への再販売価格に比較対象取引における売上総利益率（売上高に対する売上総利益の割合）を乗じて算定

　国外関連取引と比較対象取引の「売上総利益率」の水準を比較

売上総利益率

　再販売者が国外関連取引と同種または類似の棚卸資産を非関連者に対して販売した取引（比較対象取引）に係る再販売者の売上総利益率（売上総利益／売上金額）。比較対象取引と国外関連取引に係る棚卸資産の買手がその棚卸資産を非関連者に対して販売した取引とが売手の果たす機能その他において差異がある場合、その差異により生ずる割合の差に必要な調整を加えた後の割合（措令39の12⑥）。

「同種または類似」の取引の選定

　「同種または類似」の棚卸資産の再販売取引であれば比較対象取引となり得るため、独立価格比準法のように棚卸資産の厳格な同種性は必要とされていない。

　他方、売上総利益の水準は、資産または役務それ自体の差異の影響を受けにくい一方で、取引の当事者が果たす機能の差異の影響を受けやすく、公開情報から比較対象取引を見出せない場合が多い。

(3) 原価基準法（CP法：Cost Plus Method）

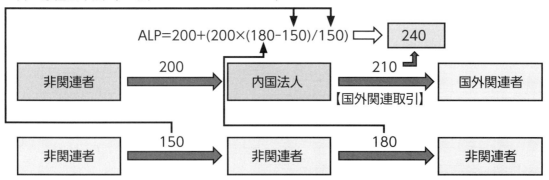

独立企業間価格＝取得原価＋通常の利潤の額＝取得原価＋（取得原価×通常の利益率※）
※通常の利益率＝売上総利益／原価＝（収入－原価）／原価

「通常の利潤の額」は、国外関連取引に係る取得原価200に比較対象取引に係る売上原価総利益率20％（通常の利益率）を乗じた40

「独立企業間価格」は、国外関連取引に係る取得原価200に通常利潤40を加算した240

国外関連取引に係る対価210と独立企業間価格240との差額30が所得移転額

【国外関連取引の損益】		【比較対象取引の損益】		【ALP】	
売上高	210	売上高	180		240
売上原価	200	売上原価	150		200
売上総利益	10	売上総利益	30		40
売上総利益率	5.0%	通常の利益率	20.0%	通常の利益率	20.0%

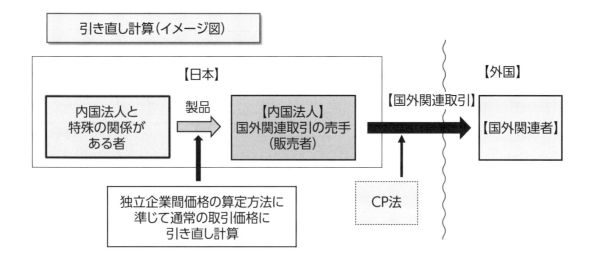

原価基準法

　国外関連取引に係る棚卸資産の売手の購入、製造その他の行為による取得原価に通常の利潤の額を加算した金額をもって国外関連取引の対価とする方法（措法66の4②一ハ）。国外関連取引と比較対象取引の取得原価に対する売上総利益の割合（マークアップ率（通常の利益率・付加率））の水準を比較。

　国外関連取引に係る売手の取得原価＋その売手の通常の利潤の額（取得原価×通常の利益率）

　通常の利潤の額：国外関連取引に係る売手の取得原価にマークアップを乗じた額

　通常の利益率：国外関連取引に係る棚卸資産と同種または類似の棚卸資産を、非関連者から購入、製造その他の行為により取得した者（以下「販売者」）が同種または類似の棚卸資産を非関連者に対して販売した取引（比較対象取引）に係る販売者の売上総利益の取得原価合計に対する割合（措令39の12⑦）。

　原価基準法は、売手（販売者・生産者）の果たす機能に着目して比較可能性を判断。

　国外関連取引と比較対象取引とに差異がある場合、その差異により生ずる割合の差を調整。

　国外関連取引における棚卸資産の取得原価をもとに独立企業間価格を計算。

　その取得原価に「通常の利潤の額」を加えた額を独立企業間価格とする。

　通常利潤は、その棚卸資産の取得原価に比較対象取引におけるマークアップ率を乗じて算定。

　原価基準法は、国外関連取引の売手が、製品や原材料などを第三者から仕入れていることを前提。

　国外関連取引における売手が製造業である場合に適用されるケースが多い。

原価基準法における取得原価

　原価基準法は、国外関連取引に係る取得原価に通常の利潤の額を加算するため、取得原価が適正価格でなく、取得原価が通常の取引価格に満たない場合、その満たない取得原価に通常の利潤の額を加算しても適切な独立企業間価格は算定されない。そこで、原価基準法により独立企業間価格を算定する場合、国外関連取引の売手（販売者・生産者）が、その棚卸資産を特殊の関係にある者から通常の取引価格に満たない価格で購入することを想定し、購入価格を算定の基礎とすることが相当でないときは、その購入価格を「通常の取引価格」に引き直して独立企業間価格を算定。この場合の「通常の取引価格」は、独立企業間価格の算定方法に準じて計算する価格とされる（措通66の4(4)-6）。

(4) 利益分割法（PS法：Profit Split Method）

利益分割法は、以下の3種類
① 比較利益分割法
② 寄与度利益分割法
③ 残余利益分割法

① 比較利益分割法
比較利益分割法は、比較対象取引としての非関連者間取引に係る利益配分割合に関する情報が必要であり、情報入手およびこの算定は実務上困難。

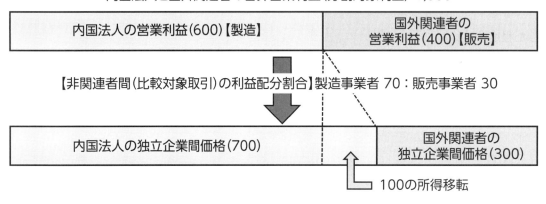

② 寄与度利益分割法

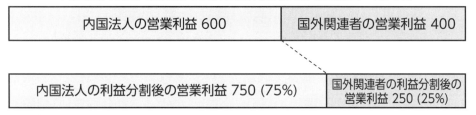

【計算過程】
国外関連取引に係る合算営業利益1,000
内国法人の寄与度75%、国外関連者の寄与度25%の場合
内国法人が得るべき利益750（1,000×75%）
国外関連者の得るべき利益は250（1,000×25%）　所得移転額は150（750－600）

利益分割法

国外関連取引により日本法人および国外関連者に生じた営業利益を合算（以下「分割対象利益等」）し、その合算した営業利益（合算利益）を一定の基準（分割ファクター）により分割、その分割された営業利益に基づいて独立企業間価格を算定（措令39の12⑧）。

双方の営業利益が双方の寄与度に等しくなるように独立企業間価格を算定。

分割対象利益等を算定できれば足り、比較利益分割法を除き、直接的な比較対象取引を必要とせず、比較対象取引が把握できない等の、他の算定方法の適用が困難な場合に有用。

分割ファクター

当事者双方が支出した費用の額、使用した固定資産の価額、その他、利益等の発生に寄与した程度を推測するに足る要因。その発生の寄与に応じた適切な分割指標であり、営業利益を分割するための基準。利益の発生に寄与したと認められるものから選定。

（例：人件費、減価償却費、試験研究費等）

〈メリット〉

公開データベース等を使わず、企業グループ内部のデータを使って利益を分割するため、比較対象取引がない場合でも独立企業間価格が算定可能。

比較利益分割法

国外関連取引に係る分割対象利益等（合算所得）を、非関連者間取引の利益配分割合を用いて分割対象利益等を法人および国外関連者に配分（措令39の12⑧一イ）。

寄与度利益分割法

国外関連取引に係る分割対象利益等（合算所得）を、法人および国外関連者が支出した費用、使用した固定資産の価額等、国外関連取引に係る棚卸資産の販売等に係る所得の発生に寄与した程度を推測するに足りる要因（分割ファクター）に応じて法人および国外関連者に配分する方法（措令39の12⑧一ロ）。

寄与度利益分割法の適用にあたり、分割対象利益等の配分に用いる要因（分割ファクター）が複数ある場合、それぞれの要因が分割対象利益等の発生に寄与した程度に応じて計算（措通66の4(5)-2）。

③ 残余利益分割法（RPSM：Residual Profit Split Method）

イ　合算営業利益の計算

| 親会社の営業利益(40) | 子会社の営業利益(60) |

ロ　基本的利益の配分（第1段階）

| 親会社(12) | 残余利益(80) | 子会社(8) |

ハ　残余利益の配分（第2段階）

| 親会社(56) | 子会社(24) |

ニ　利益配分結果

| 親会社のあるべき営業利益(68) | 子会社のあるべき営業利益(32) |

所得移転額＝68－40＝28

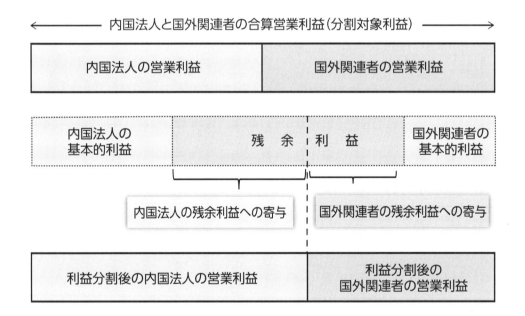

残余利益分割法

親会社と国外関連者の双方が重要な無形資産を保有するなど独自の機能を果たしている場合に採用。日本法人と国外関連者の営業利益の合算額（合算利益）を2段階で配分。

日本法人が独自の研究開発の成果として多数の特許や製造ノウハウを保有、国外関連者では独自のマーケティング活動により、同業他社にはないような充実した販売網や販売ノウハウを保有等の場合等の適用に有用。

【解説】

国外関連取引に係る内国法人と国外関連者の合算営業利益（40 + 60 = 100）を算定

・第一段階　基本的利益を算定（内国法人12、国外関連者8）し配分

・第二段階　残余利益の内国法人と国外関連者の寄与度の割合（例:内国法人の残余利益への寄与度は研究開発活動によるもの、国外関連者の残余利益への寄与度は広告宣伝活動によるもの等）を算定

残余利益に当該割合（内国法人70％、国外関連者30％とする）を乗じて残余利益を内国法人と国外関連者へ配分。内国法人の得るべき利益68（基本的利益12 + 残余利益56）と利益分割前の営業利益40との差額28が所得移転額となる。

〈計算の流れ〉

法人および国外関連者に係る合算営業利益（分割対象利益）を算出。

・第一段階　合算利益のうち、無形資産を使用しない基本的な活動から通常得られる利益（基本的利益）をそれぞれに配分。

（1）国外関連取引に係る各当事者の営業利益を合算

（2）基本的利益を計算し各当事者に配分

基本的利益は、内国法人および国外関連者に独自の機能がないとした場合の非関連者間取引（比較対象取引）から得られる利益を内国法人および国外関連者にそれぞれ配分。

企業情報データベース等から基本的活動のみを行う企業を抽出し、それらの営業利益率の平均値等を用いて計算。

・第二段階　基本的利益を配分した後の残余利益を、その発生に寄与した程度を推測するに足る要因（分割ファクター）に応じて法人および国外関連者それぞれに配分。

残余利益：合算営業利益等から基本的利益を控除した残額

残余利益は、双方が無形資産等を活用することによって生み出された利益と考える。当該残余利益を双方が有する無形資産等の価値を基に配分。実務上は、双方が無形資産等の開発のために支出した費用（研究開発費や広告宣伝費等）の比率を用いて各当事者に配分。

二段階アプローチによって独立企業間価格を算定（措令39の12⑧一ハ）。

第一段階で配分された基本的利益と第二段階で配分された残余利益の合計額が、双方のあるべき営業利益となる。このあるべき営業利益に基づいて独立企業間価格を算定。つまり、基本的利益と残余利益を法人と国外関連者へそれぞれ配分した合計金額を独立企業間価格とする。

残余利益分割法の適用にあたり、第二段階の残余利益の配分に用いる分割ファクターが複数ある場合、それぞれの分割ファクターが残余利益等の発生に寄与した程度に応じて計算。

(5) 取引単位営業利益法（TNMM：Transactional Net Margin Method）

【売上高営業利益率を使うケース】

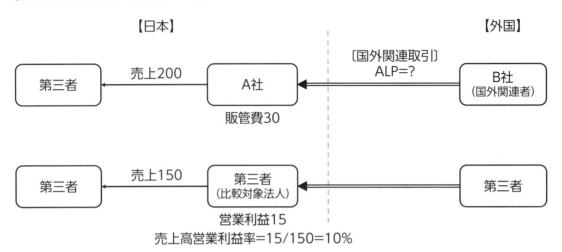

あるべき営業利益の金額から逆算して独立企業間価格を計算

A社と類似の事業活動を行う第三者は、第三者間取引で10%の営業利益率※を獲得。

TNMMでは、この10%の営業利益率を国外関連取引に適用し独立企業間価格を算定。

A社のあるべき営業利益 = 200 × 10% = 20

独立企業間価格は第三者への販売価格（200）からあるべき営業利益（20）からスタートし、そこから販管費（30）をさらに差し引くことにより計算。

独立企業間価格 = 200 － （200 × 10% + 30） = 150

$$ALP = 再販売価格 - \left(再販売価格 \times \frac{比較対象取引に係る棚卸資産の販売による営業利益の額}{比較対象取引に係る棚卸資産の販売による収入金額} + 販売費および一般管理費の額 \right)$$

※営業利益率に用いる利益指標

　イ　売上高営業利益率＝営業利益／売上高
　ロ　総費用営業利益率＝営業利益／総費用（売上原価＋販管費）
　ハ　営業費用売上総利益率（ベリー比：Berry Ratio）＝売上総利益／販管費

取引単位営業利益法（TNMM）

　国外関連取引における営業利益率の水準と、非関連者間取引における営業利益率の水準を比較し、独立企業間価格を算定。再販売価格基準法および原価基準法が比較対象取引に係る売上総利益を用いて国外関連取引に係る対価を算出するのに対し、比較対象取引に係る営業利益を用いて国外関連取引に係る対価を算出。

　企業情報データベース等から、検証しようとする法人と比較可能性を有する法人を何社か抽出し、それらの企業の営業利益率の複数年度の平均値等を利用。

　公開データから比較対象となる法人を把握でき、独立企業間価格の算定において主流の方法。類似の事業活動を行う比較対象法人を企業情報データベース等から抽出、その営業利益率と同じ水準になるように取引価格を設定。

　販売仲介業者等の機能やリスクが限定的で、その利益が販管費に比例する企業への適用に有用。

〈参考〉企業情報データベース

　TNMMや残余利益分割法を採用する場合、比較対象取引を抽出するための企業情報データベースが必要。企業情報データベースは、ムーディーズ（旧ビューロ・ヴァン・ダイク）が提供するORBIS（オービス）がよく知られている。ORBISは、世界各国の上場・未上場企業が搭載されており世界最大のデータベース。

　日本の国税当局もこのORBISを利用している。ただし、国によっては別のデータベースを推奨している場合もあり、情報収集が必要。

利益指標（措令39の12⑧二〜五）は以下のとおり。

イ　売上高営業利益率
ロ　総費用営業利益率
ハ　営業費用売上総利益率（ベリー比：Berry Ratio）

　利益指標の選定には、比較可能性分析の結果を踏まえ、検証対象の当事者が使用した資産や引き受けたリスクを考慮し、検証対象の当事者が果たした機能の価値を的確に表す指標を最も適切な利益指標として選定。

　事業遂行の機能の差異は、一般的に機能の遂行に伴い支出される販売費および一般管理費の水準差として反映。

　売上総利益の水準では大きな差があっても営業利益の水準では一定程度均衡し、取引当事者が果たす機能に差異があっても調整が不要となる場合がある。

　取引単位営業利益法は、基本三法よりも差異の影響を受けにくい方法といえ、独立企業間価格の算定に影響を及ぼすことが客観的に明らかな差異がない限り、非関連者間取引は比較対象取引として公開情報から比較対象取引を見出すことができる場合が多くなる。

イ　TNMM：売上高営業利益率を利益指標とする方法

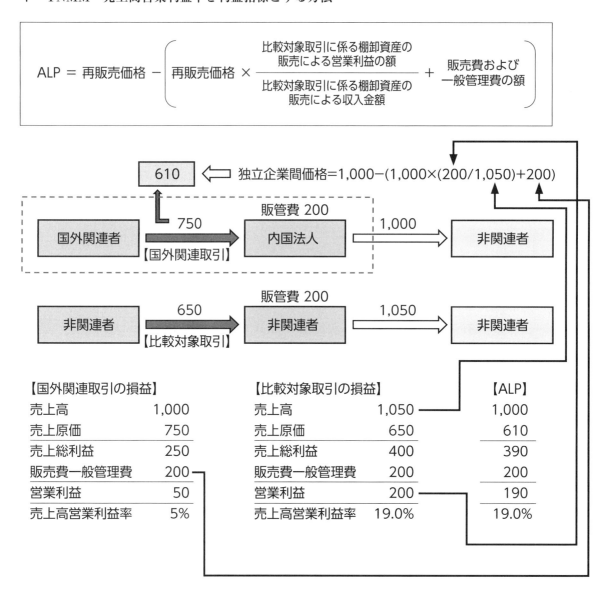

TNMM：売上高営業利益率を利益指標とする方法

　比較対象取引に係る売上高営業利益率を用いて国外関連取引に係る棚卸資産等の買手（購入者・再販売者）の適正な営業利益を計算し、当該国外関連取引に係る独立企業間価格を算定（措令39の12⑧二）。

　再販売価格基準法（RP法）は、売上総利益率を利益指標とするのに対し、TNMMは、営業利益率を利益指標とする。

　国外関連取引に係る棚卸資産の買手が非関連者に対して当該棚卸資産を販売した対価の額（以下「再販売価格」）から、当該再販売価格に比較対象取引に係る売上高営業利益率を乗じて計算した金額に当該国外関連取引に係る棚卸資産の販売のために要した販売費および一般管理費を加算した金額を控除した金額を当該国外関連取引の対価とする。

　例：日本法人が国外関連者から商品を購入し非関連者へ販売する場合、日本法人が国外関連取引に係る棚卸資産の買手に該当し、日本法人が非関連者へ商品を販売した再販売価格から、その再販売価格に比較対象取引の営業利益率を乗じた額に日本法人の販管費を加算した金額を控除した金額を国外関連取引の対価とする。

　国外関連取引と比較対象取引との間に機能その他の差異がある場合、比較対象取引に係る売上高営業利益率は、その差異により生ずる割合の差につき必要な調整を加えた後の割合。

ロ　TNMM：総費用営業利益率を利益指標とする方法

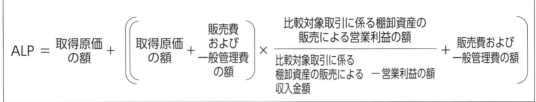

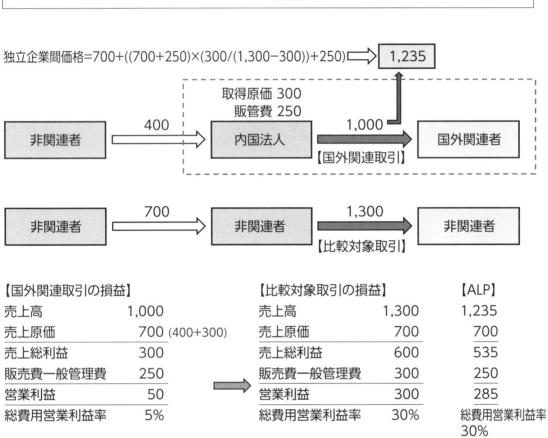

【国外関連取引の損益】			【比較対象取引の損益】		【ALP】
売上高	1,000		売上高	1,300	1,235
売上原価	700 (400+300)		売上原価	700	700
売上総利益	300		売上総利益	600	535
販売費一般管理費	250		販売費一般管理費	300	250
営業利益	50		営業利益	300	285
総費用営業利益率	5%		総費用営業利益率	30%	総費用営業利益率 30%

TNMM：総費用営業利益率を利益指標とする取引単位営業利益法

　比較対象取引に係る総費用営業利益率を用いて国外関連取引に係る棚卸資産等の売手（販売者）の適正な営業利益から、当該国外関連取引に係る独立企業間価格を算定（措令39の12⑧三）。

　国外関連取引に係る取得原価に、総費用に比較対象取引に係る総費用営業利益率を乗じた金額および棚卸資産の販売のために要した販売費および一般管理費を加算した金額を国外関連取引の対価とする。

　取得原価：棚卸資産の売手の購入、製造その他の行為による取得の原価
　総費用：取得原価＋国外関連取引に係る棚卸資産の販売に要した販売費および一般管理費

　比較対象取引に係る総費用営業利益率は、国外関連取引と比較対象取引との間に機能その他の差異がある場合、その差異により生ずる割合の差に必要な調整を加えた後の割合となる。

　「国外関連取引に係る棚卸資産の販売のために要した販売費および一般管理費」には、その販売に直接に要した費用のほか、間接に要した費用が含まれる。

　国外関連取引およびそれ以外の取引の双方に関連して生じた場合、個々の取引形態に応じ、当該双方の取引に係る売上金額、売上原価、使用した資産の価額、従事した使用人の数等、当該双方の取引の内容および費用の性質に照らして合理的と認められる要素の比に応じて按分（指針4-12）。

　国外関連取引に係る棚卸資産の販売のために要した販売費および一般管理費の算定は、営業費用売上総利益率（ベリー比：Berry Ratio）においても同様。

ハ　TNMM：営業費用売上総利益率（ベリー比：Berry Ratio）を利益指標とする方法

① 国外関連取引に係る再販売価格から適正な売上総利益を控除する方法

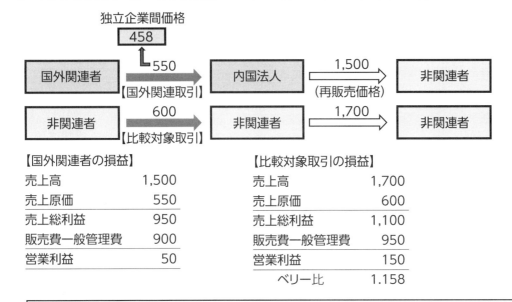

独立企業間価格＝国外関連取引に係る再販売価格－通常の売上総利益の額
通常の売上総利益の額＝内国法人の販管費×比較対象取引の営業費用売上総利益率（ベリー比）
ベリー比＝（比較対象取引の営業利益＋比較対象取引の販管費）/比較対象取引の販管費

独立企業間価格　＝1,500－1,042＝458
通常の売上総利益＝900×1.158＝1,042
　　　ベリー比＝（150＋950）/950＝1.158
　　　所得移転額＝　　92 (550－458)

② 国外関連取引に係る取得原価に適正な売上総利益を加算する方法

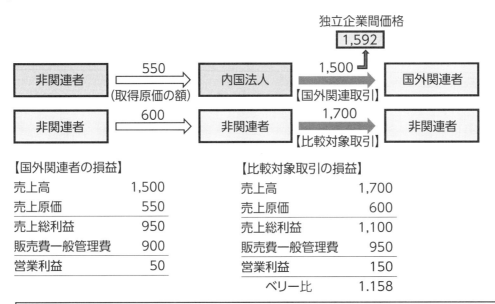

独立企業間価格＝国外関連取引に係る売手の取得原価の額 ＋ 通常の売上総利益の額
通常の売上総利益の額＝内国法人の販管費×比較対象取引の営業費用売上総利益率（ベリー比）
ベリー比＝（比較対象取引の営業利益＋比較対象取引の販管費）/比較対象取引の販管費

独立企業間価格　＝550＋1,042＝1,592
通常の売上総利益＝900×1.158＝1,042
　　　ベリー比＝（150＋950）/950＝1.158
　　　所得移転額＝　　92 (1,592－1,500)

TNMM：営業費用売上総利益率（ベリー比：Berry Ratio）

　営業費用売上総利益率（ベリー比）を利益指標とする取引単位営業利益法は、販売仲介業者が行う販売サービスのように、売上総利益の額が営業費用の額に比例的で、機能やリスクが限定的な活動に係る利益率を検証する場合に有用な利益水準指標。

　営業費用売上総利益率（ベリー比）を利益指標とする取引単位営業利益法は、比較対象取引に係る営業費用売上総利益率を用いて国外関連取引に係る棚卸資産等の「買手（購入者側）」または「売手（販売者側）」の適正な売上総利益を計算、国外関連取引に係る独立企業間価格を算定。

　以下の2つの方法を規定
① 国外関連取引に係る再販売価格から適正な売上総利益を控除する方法（買手（購入者側））

　　国外関連取引に係る棚卸資産の買手が非関連者に対してその棚卸資産を販売した対価の額（再販売価格）から適正な売上総利益を控除した金額を、独立企業間価格とする（措令39の12⑧四）。

　　営業費用（販売費および一般管理費）を基礎として適正な売上総利益を計算し、独立企業間価格を算定。

　　適正な売上総利益は、国外関連取引に係る棚卸資産の販売のために要した販売費および一般管理費の額に比較対象取引に係る営業費用売上総利益率(ベリー比)を乗じて算定。

② 国外関連取引に係る取得原価に適正な売上総利益を加算する方法（売手（販売者側））

　　国外関連取引に係る棚卸資産の売手の購入等による行為（取得原価）に適正な売上総利益を加算した金額を、独立企業間価格とする（措令39の12⑧五）。

　　国外関連取引に係る取得原価に適正な売上総利益を加算して国外関連取引に係る独立企業間価格を算定するが、適正な売上総利益は、上記①と同様に、国外関連取引に係る棚卸資産の販売のために要した販売費および一般管理費に、比較対象取引に係る営業費用売上総利益率（ベリー比）を乗じて算定。

　　なお、上記①②の比較対象取引に係る営業費用売上総利益率は、必要な差異調整を加えた後の割合。

● TNMMの活用例

【事例】

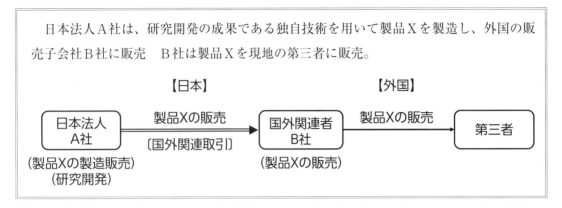

B社の比較対象法人として数社が選定、営業利益率の幅（レンジ）が5％〜12％の場合

ケース1	ケース2
B社の営業利益率が7％の場合	B社の営業利益率が20％の場合
B社の営業利益率は、比較対象企業の営業利益率のレンジの範囲内	B社の営業利益率は、比較対象企業の営業利益率のレンジの範囲を超えている 国外関連者の営業利益率が高すぎ⇒A社の利益がB社に移転想定
移転価格課税のリスクは低い	移転価格課税のリスクは高い

● 調査で狙われる無形資産取引

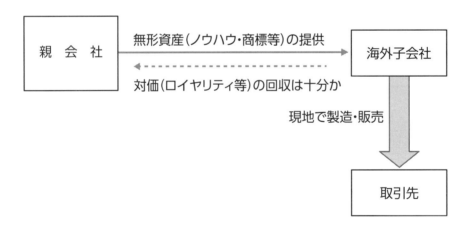

TNMM の活用例

　A社とB社の果たす機能を比較すると、研究開発により独自技術を持つA社より、販売活動のみを行うB社のほうが果たす機能は単純であることを前提。

　B社と類似の販売活動を行う比較対象企業を企業情報データベースなどから抽出し、営業利益率の水準を比較。

　TNMMは、親会社または国外関連者のうち、単純な機能を果たし、無形資産等を有していない法人（通常は海外の子会社）の営業利益率を検証し、移転価格上の問題があるか否かをチェックするときに使用。

調査で狙われる無形資産取引

　企業グループ間の無形資産取引の対価であるロイヤリティも焦点。

　親会社が無形資産を海外子会社に使用させる場合、対価としてロイヤリティを収受することとなるが、親会社が収受するロイヤリティが適切かどうかを判断する一つのメルクマールとして、税務調査では海外子会社の営業利益率の水準をチェック。

　海外子会社の営業利益率が高すぎる場合、親会社が収受すべきロイヤリティが少なすぎるのではないかとの疑いを持たれる。

　海外子会社に対し商標、製造技術、特許などの無形資産を提供していたにもかかわらず、対価（ロイヤリティ）の回収が不十分であったと指摘されるケースもある。

(6) ディスカウントキャッシュフロー法（DCF法：Discount Cash Flow）

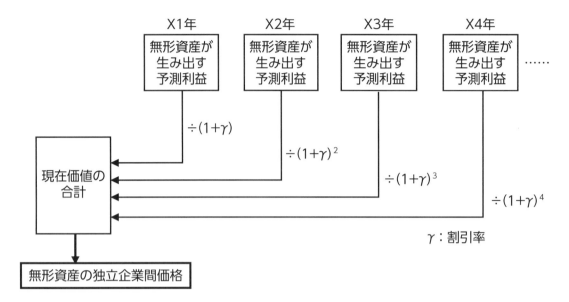

　DCF法は、無形資産等から生ずる各事業年度の予測利益の金額を、合理的と認められる割引率で割り引いた現在価値を合計して無形資産の譲渡取引の独立企業間価格を算定。

　DCF法自体は買収の際の事業価値の評価などでも用いられる。

　予測利益、予測の期間、割引率等をいかに合理的に計算するかがポイント。

　この方法は、例えば、国外関連取引に係る比較対象取引を見出すことが困難な場合で、利益分割法を適用できないときに有用となり得る。

DCF法の適用（イメージ図）

予測値	予測期間				
	X1年	X2年	X3年	…………	Xn年
無形資産の使用等による予測売上	100	80	60		××
無形資産の使用等による予測費用	50	40	30		△△
無形資産の使用等による予測利益	50	40	30		○○

独立企業間価格 ＝ 予測利益の割引現在価値の合計額

$$= \frac{50}{(1+r_1)} + \frac{40}{(1+r_1)(1+r_2)} + \frac{30}{(1+r_1)(1+r_2)(1+r_3)} + \cdots\cdots + \frac{○○}{(1+r_1)(1+r_2)\cdots(1+r_m)}$$

rn＝割引率：無形資産を使用する事業に係るリスク、期待利回り等を勘案して決定される利率など

（出典）財務省『令和元年度（平成31年度）税制改正の解説』594頁を基に作成

DCF 法

独立企業間価格は、国外関連取引に係る資産の使用等によって利益が生ずる見込予測期間の利益（予測される将来利益の合計額）を合理的と認められる割引率を用いて取引時の現在価値に割り引いた金額。

国外関連取引の対価は、国外関連取引に係る棚卸資産の販売または購入の時に当該棚卸資産の使用その他の行為による利益が生ずることが予測される期間内の各事業年度の当該利益として当該販売または購入時の予測金額を、割引率を用いて当該棚卸資産の販売または購入時の現在価値とした割引金額。

DCF法は、国外関連取引に係る棚卸資産取引をベースに、実務上、比較対象取引の選定が困難な無形資産の譲渡取引や貸付取引で、国外関連取引の形態やその内容等から利益分割法が適合しない場合に有用。

独立企業間価格の算定基礎として、予測期間、予測利益、割引率といった不確実な要素を用いる算定方法であることから、最も適切な方法の候補がDCF法を含めて複数ある場合、DCF法以外の候補である算定方法の中から最も適切な方法を選定。

予測利益

国外関連取引に係る信頼性が確保された事業計画等に基づき、その事業計画等の信頼性の検討には、予測根拠および目的、予測期間の長短ならびに予測の基礎となる過去の収益実績との整合性等を勘案。無形資産の使用等による利益は、対象法人または国外関連者以外の者においても生ずることを想定。

例えば、国外関連者との間で譲渡された無形資産が第三者に対して譲渡することが予定されている場合、その無形資産の譲渡を受けた第三者によるその無形資産の使用等による予測利益も国外関連取引対価を検討する場合に勘案。

合理的と認められる割引率

「合理的と認められる割引率」は具体的な計算方法は定められておらず、必ずしも明らかでない。OECD移転価格ガイドラインでは、予測キャッシュフローを現在価値に換算する際に使用する割引率は、金銭の時間価値および予測キャッシュフローのリスクまたは不確実性を考慮し（パラ6.170）、事業全体のリスク水準および各個別事例の状況下の予測キャッシュフローの予測変動率に反映（パラ6.172）。

事業リスクは、予測利益の金額の計算にも反映され、予測利益の金額の計算に反映されている事業リスクの程度に応じて割引率を用いる（措通66の4(7)-2）。

貨幣の時間価値に加え、予測利益の金額の計算における国外関連取引に係る事業リスクが勘案された割引率を用いる。この事業リスクには、予測利益の金額の変動リスクを含め、法人または国外関連者が国外関連取引に係る事業を継続するうえでの広範なリスクが含まれる。カントリーリスクや為替変動リスクについても、事業を継続するうえで考慮するリスクであり、事業リスクに含まれる。

【参考】移転価格算定手法の比較

独立企業間 価格算定方法	長短	適合性・入手可能性・ 留意事項	比較指標
独立価格 比準法 （CUP 法）	・独立企業間価格算定の直接的方法 ・厳格な同種性（資産の性状、構造、機能等） ・公開情報からは見出せないことが多い。	・同種の資産または役務を見出す必要 ・差異調整の情報が必要	非関連者間 取引価格 内部および外部比較対象取引 （措法 66 の 4 ②イ）
再販売価格 基準法 （RP 法）	・売上総利益の水準比較 ・売上総利益の水準は、資産または役務の差異の影響を受けにくいが、取引の当事者が果たす機能の差異の影響を受けやすく、公開情報から比較対象取引を見出せない。	・RP、CP、TNMM は資産や役務の類似性より、国外関連取引の当事者が果たす機能の類似性が重要 ・法人および国外関連者のうち、どちらを検証対象者とするか⇒機能分析に基づき、より単純な機能を果たすと認められる当事者 ・類似機能を果たす非関連者間取引における売上総利益・営業利益情報が入手できるか。 ・機能の差異調整情報が入手可能か。 ・検証対象の財務情報が必要	<u>売上総利益率</u> <u>（売上総利益 / 売上高）</u> （措法 66 の 4 ②ロ） （措通 66 の 4 (3)1 ～ 3）
原価基準法 （CP 法）			<u>マークアップ率</u> <u>（売上総利益 / 売上原価）</u> （措法 66 の 4 ②ハ）
取引単位 営業利益法 （TNMM）	・営業利益の水準比較 ・事業機能差異は販管費水準差として反映、売上総利益の水準差があっても営業利益では一定程度均衡と考え、調整不要の場合有 ・公開情報から比較対象取引を見出しやすい ・機能類似性が高く、利益指標算定に影響を及ぼすことが認められない場合、選定し得る。 ・価格や売上総利益の水準よりも営業利益水準に対して影響を及ぼす可能性（経営の効率性の差異等留意）も要検討		①<u>売上高営業利益率</u> 　（営業利益 / 売上高） ②<u>フルコストマークアップ率</u> 　《総費用（営業）利益率》 （営業利益 / 売上原価＋販売費） ③<u>ベリーレシオ</u> 　《営業費用売上総利益率》 （売上総利益 / 販管費） （措令 39 の 12 ⑧二～五）
比較 利益分割法 （CPSM）			非関連者間取引の営業利益の配分割合 （措令 39 の 12 ⑧一イ）
寄与度 利益分割法 （PS 法）	・比較対象取引の<u>分割割合</u>使用 ・分割要因特定の財務情報がないと適用不能 ・国外関連取引が高度に統合されている場合、比較対象となる非関連者間取引を探す必要なし ・分割ファクターは人件費と設備費等（減価償却費） ・分割対象利益等を<u>基本的利益</u>と<u>残余利益</u>等に分けて二段階配分（R&D）	・利益分割法は、無形資産の寄与の程度に応じて配分 ・取引が連鎖する際は、当事者の範囲を適切に定める必要有 ・<u>分割要因</u>特定の財務情報必要	国外関連取引に係る営業利益を<u>分割要因</u>で配分 （措令 39 の 12 ⑧一ロ）
残余 利益分割法 （RPSM）			<u>基本的利益は TNMM</u> <u>残余利益は分割要因で配分</u> （措令 39 の 12 ⑧一ハ）
ディスカウントキャッシュフロー法 （DCF 法）	適切な方法の候補が DCF 法を含めて複数ある場合、DCF 法以外の候補の算定方法から最も適切な方法を選定することに留意	国外関連取引に係る資産の使用等で利益が生ずる見込期間を予測し予測利益の金額を合理的と認められる割引率を用いた現在価値を、独立企業間価格とする	<u>取引価格</u> （割引現在価値） （措令 39 の 12 ⑧六）

・機能　商品・役務を生み出し、また付加価値を与える一連の企業活動（研究開発、製造、販売等）
・リスク　投下資本の回収を困難とし、また新たな費用支出を帰結する一連の要因　マーケットリスク（経済事情の変化）、資産、工場および設備への投資や使用に伴う損失のリスク、研究開発への投資のリスク、為替相場や金利の変動などに起因する金融上のリスクおよび信用リスク

比較単位	適用要件	適合業種または場面	適用可能性
取引	・同種の棚卸資産 ・同様の取引段階、取引市場、取引数量、取引時期、引渡条件、支払条件		△採用少 同種性に厳格 金融業可能性有
取引	・同種または類似 ・機能（リスク・無形資産含）、契約条件、取引段階、取引規模、取引時期、政府の政策、市場の状況、事業戦略が類似 ・棚卸資産の種類、機能・リスクの差異が売上総利益に影響を与えるため、類似性を高く要求	検証対象会社が**販売会社**	△採用少 同種または類似、また売手機能の差異調整可能な非関連者間取引の売上総利益率がほぼ入手不能
取引	**独立企業間価格** RP＝再販売価格－通常利潤＝再販売価格×通常売上総利益率 CP＝原価＋利潤（原価×利益率（売上総利益／原価））	検証対象会社が製造会社	△採用少
取引事業	**独立企業間価格** ①再販売価格－（再販売価格×営業利益率＋販管費） ②取得原価額＋｛（原価＋販管費）×総費用利益率＋販管費｝ ③再販売価格－（販管費×営業費用売上総利益率） 売上原価と営業費用を合理的＆統一して区分 売上の会計基準相違の影響受けにくい 内国法人のみ重要な無形資産の形成等への寄与が存在する場合⇒ 　基本三法とTNMMの適用可能性検討 　実務上は、TNMMを適用	①　**売上高営業利益率** ⇒輸入再販売会社 ②　**フルコストマークアップ率**　⇒輸出製造会社 ③ベリーレシオ　⇒<u>人件費</u>等が主な支出のサービス業者、仲介業者、単純な役務提供業者	○採用多 OECD移転価格ガイドラインパラ2.101 ・関連者間取引の機能の価値が営業費用に比例 ・販売された製品の価値によって重要な影響を受けていない。 ・売上に比例していない。 ・報酬 **独自の価値ある**機能を果たし、広告宣伝・販売活動を行って<u>いない</u>
取引事業	・同種または類似 ・機能（リスク・無形資産含）、契約条件、取引段階、取引規模、取引時期、政府の政策、市場の状況、事業戦略が類似	特になし	△採用少 非関連者間取引の利益配分割合はほぼ入手不能
取引事業	**分割要因**（人件費、設備関連費、研究開発費、広告宣伝費）を営業利益への貢献度へ反映	当事者双方に無形資産がない場合であっても無視できる程度	○非関連者間取引の財務指標を使用せず信頼性は劣るが採用可能な場合多 ○所得移転の可能性把握に採用される場合多
取引事業	・**基本的利益**は無形資産を有しない一般的な活動（**製造活動**や**販売活動**）から生じる利益 ・**残余利益**は営業利益から基本的利益の控除額 ・**基本的利益**は、国外関連取引の当事者双方にTNMMを適用（企業情報データベースの比較対象会社の財務諸表使用）、各当事者ごとに算出 ・**残余利益**は、寄与度PS法と同様に各当事者に<u>分割要因で配分</u>（ただし、残余利益は無形資産部分であるため<u>R&D経費等が分割要因</u>）	当事者双方に無形資産がある場合	○信頼性、客観性に優れ、採用可能な場合多 データベースを使い、合理的な分割要因を見つける必要有
比較なし	・予測期間、予測利益、割引率等の不確実要素を用いる ・国外関連取引に係る棚卸資産取引をベースに規定	無形資産取引など国外関連取引が棚卸資産取引以外の取引に該当する場合	実務上、比較対象取引選定が困難な無形資産の譲渡取引や貸付取引で、国外関連取引の形態やその内容等から利益分割法が適合しない場合

・類似性の程度（比較可能性）（措通66の4の3(1)-1）が十分である必要

・調整（指針3-3）

〈比較対象取引の選定〉

【比較対象取引候補のスクリーニング例】

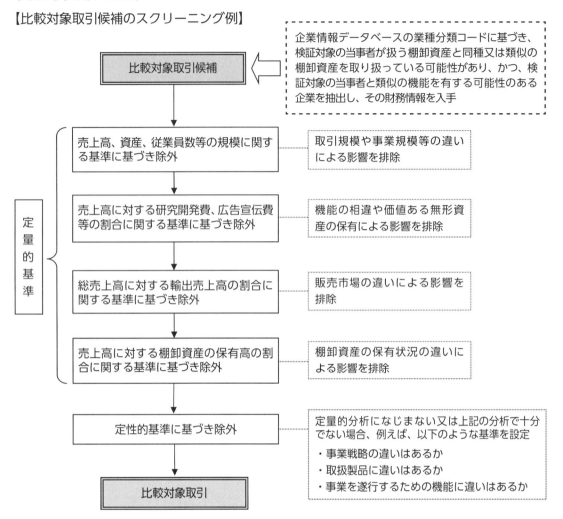

(出典) 国税庁「別冊 移転価格税制の適用に当たっての参考事例集」

〈類似性の要素〉

① 棚卸資産の種類、役務の内容等
   棚卸資産の物理的類似性、役務提供内容の性質等

② 売手または買手の果たす機能、負担するリスク、使用する無形資産等
   研究開発の有無、マーケティングやアフターサービス、在庫の有無等の機能およびリスク負担

③ 契約条件
   貿易条件、決済条件、返品条件、契約更改条件等

④ 市場の状況
   取引段階（小売または卸売、一次問屋または二次問屋等の別）、取引規模、取引時期、政府の政策（法令、行政処分、行政指導その他の行政上の行為による価格に対する規制、金利に対する規制、使用料等の支払に対する規制、補助金の交付、ダンピングを防止するための課税、外国為替の管理等の政策をいう）の影響等

⑤ 売手または買手の事業戦略
   市場への参入時期、市場開拓・浸透政策等に相違はないか

⑥ その他特殊状況
   比較対象とすることが合理的と認められない特殊な状況（倒産状況等）があるか等

比較可能性の検討

　移転価格税制は、法人と国外関連者との間の取引が同様の状況下で非関連者間において行われた場合に成立する独立企業間価格と、比較対象取引と検証対象となる国外関連取引との間の類似性の程度（比較可能性）が重要な要素。

　国外関連取引と非関連者間取引との類似性の程度を判断する場合、各当事者および非関連取引の事業を理解し、左記の内容の類似性の程度を分析・検討して国外関連取引の内容等を的確に把握し（措通66の4(3)-3）、最も適切な算定方法の選定にあたっての留意事項（措通66の4(2)-1）を勘案して国外関連取引と非関連者間取引との比較可能性を判断。

　法人または国外関連者が無形資産の使用を伴う国外関連取引を行っている場合、比較対象取引の選定に当たり、無形資産の種類、対象範囲、利用態様等の類似性を検討（指針4-7）。

　比較対象取引：独立企業間価格の算定の基礎となる国外関連取引と比較可能な取引。

　比較可能性分析では、法人または国外関連者の取引資料等の内部情報、公開情報を基に検討。

　比較対象取引は、法人が国外関連取引と同種または類似の棚卸資産等を非関連者との間で行う取引を比較対象取引とする内部比較対象取引と非関連者間取引を比較対象取引とする外部比較対象がある。

　内部比較対象取引が存在する場面が限定的であり、外部比較対象取引の選定過程を説明。

　外部比較対象取引の選定は、入手可能な公開情報である企業情報データベースを用い、業種分類コード等に基づき同種・類似の資産を扱っている法人や類似の機能（製造販売や卸売、小売など）を有する法人を比較対象取引の候補となる法人として抽出。

　○ 定量的基準（売上高の規模や売上高研究開発費比率などの割合に関する基準）

　○ 定性的基準（取扱商品の違いや機能の違いなど）

　により分析し、一定の基準に満たない法人を比較可能性が不十分として比較対象取引の候補から除外し、残った法人を比較対象取引として選定

　○定量的基準の対応例

　・関連者間取引が行われている可能性の高い企業を除外するための独立性指標の設定

　・一定の事業年度以上の財務データを有さない企業の除外（財務データの有無）や営業損失を一定の事業年度以上計上している企業の除外（財務の健全性）

　○定性的基準の対応例

　・ブランドの有無の分析等の基準を設定

〈差異調整〉

　国外関連取引と非関連者間取引とに類似性の程度において差異がある場合、その差異により生ずる利益率等の割合の差について必要な調整を加えた後の利益率等をもとに、その非関連者間取引を比較対象取引として独立企業間価格を算定。

　国外関連取引と非関連者間取引との間の差異およびその調整方法（指針4-4）

①　貿易条件
一方の取引がFOB（本船渡し）で、他方の取引がCIF（運賃、保険料込み渡し）である場合の比較対象取引の対価に運賃および保険料相当額を加減算して差異を調整
②　決済条件における手形一覧後の期間
国外関連取引と比較対象取引に差異がある場合の手形一覧から決済までの期間の差に係る金利相当額を比較対象取引の対価に加減算して差異を調整
③　比較対象取引に係る契約条件に取引数量に応じた値引、割戻等がある場合
国外関連取引の取引数量を比較対象取引の値引き、割戻等の条件に当てはめた場合における比較対象取引の対価を用いて差異を調整
④　機能またはリスクに係る差異
機能またはリスクの程度を国外関連取引および比較対象取引の当事者が当該機能またはリスクの支払費用により測定できる場合、当該費用が当該国外関連取引および比較対象取引の売上または売上原価に占める割合を用いて差異を調整

〈四分位法の適用〉

　4以上の比較対象取引の選定⇒信頼性のある利益率等の選定

比較対象会社	営業利益率					5年加重平均値
	X-4年	X-3年	X-2年	X-1年	X年	
A社	12.2%	14.2%	22.2%	19.6%	20.1%	17.7%
B社	12.2%	7.8%	12.3%	9.5%	15.4%	11.4%
C社	12.5%	10.3%	10.8%	9.3%	3.5%	9.3%
D社	5.6%	6.8%	6.5%	6.2%	6.8%	6.4%
E社	18.2%	24.5%	24.2%	14.0%	14.4%	19.1%
F社	-6.5%	8.2%	7.5%	6.8%	-3.2%	2.6%
G社	12.4%	17.4%	17.3%	18.0%	15.2%	16.1%
自社	15.3%	18.2%	14.0%	10.0%	13.0%	14.1%

	X-4年	X-3年	X-2年	X-1年	X年	5年加重平均値
最大値	18.2%	24.5%	24.2%	19.6%	20.1%	19.1%
上限値（上位25%）	12.4%	15.8%	19.8%	16.0%	15.3%	16.9%
中央値	12.2%	10.3%	12.3%	9.5%	14.4%	11.4%
下限値（下位25%）	8.90%	8.00%	9.20%	8.10%	5.20%	7.8%
最小値	-6.5%	6.8%	6.5%	6.2%	-3.2%	2.6%

独立企業間価格レンジ 四分位レンジ

　定量的に把握が困難な差異が調整済割合に及ぼす影響が軽微と認められるものに限る。

　定量化できない差異が残る比較対象取引の調整済割合

差異調整

国外関連取引と非関連者間取引との間に差異が存在。比較対象取引が、同種または類似の棚卸資産を国外関連取引と差異のある状況下の売買取引でも、その差異が対価の額または通常の利益率等の算定に影響を与えないときは、同種または類似の棚卸資産として取り扱う（措通66の4(3)-2）。差異調整は、その差異が対価または利益率等に影響を及ぼすことが客観的に明らかである場合に行う（指針4-4）。

差異調整における統計的手法の適用

国外関連取引と比較対象取引との間の調整すべき差異（以下「調整対象差異」）が存在する場合、その調整対象差異には、差異により生ずる利益率等の差を調整しても定量的に把握困難な差異が存在するなど、必要な調整を加えることができない差異が残る。定量的に把握が困難なために必要な調整を加えられない差異が存在する場合でも、調整困難な差異以外の調整対象差異に必要な調整を加えた場合に計算される割合（以下「調整済割合」）に及ぼす影響が軽微と認められるときは、統計的手法（いわゆる四分位法）を用いた差異調整により算出した割合に基づき、独立企業間価格を算定（措令39の12⑥～⑧、措規22の10②～⑤）。

統計的手法を用いた差異調整により算出した割合とは、4 以上の比較対象取引に係る調整済割合につき最も小さいものから順次その順位を付し、その順位を付した調整済割合の個数の25％に相当する順位の割合から75％に相当する順位の割合までの間にある4 以上の比較対象取引、つまり、上位および下位のそれぞれ25％をカットした上位25％～75％までの比較対象取引に係る調整済割合の中央値。差異の影響は、定量的把握が困難な差異や必要な調整の内容等を総合的に勘案し、個々の事案の状況に応じて判断（指針4-5(1)）。

独立企業間価格幅（比較対象取引が複数ある場合の取扱い）

国外関連取引に係る比較対象取引が複数存在し、独立企業間価格が一定の幅（独立企業間価格幅：レンジ）を形成し、国外関連取引に係る利益率等が独立企業間価格幅（フルレンジ）の中にあるときは、移転価格税制は適用されない（措通66の4(3)-4）。利益率等が幅の外にある場合、原則、平均値をもとに独立企業間価格を算定。中央値など比較対象利益率等の分布状況等に応じた合理的な値が認められる場合、これを用いて独立企業間価格を算定（指針4-8）。

同種または類似で、規模、取引段階が類似する「比較対象取引の候補」となる複数の非関連者間取引を選定し、その利益率等の範囲内に国外関連取引に係る利益率等かどうかを検討（指針3-2(1)）。この「比較対象取引の候補」となる複数の非関連者間取引は、フルレンジではなく、いわゆる四分位法に基づくレンジ等を活用し、移転価格上の問題の有無を判断。

複数年度検証

国外関連取引に係る棚卸資産等が需要の変化、製品のライフサイクル等による変動により、各事業年度または連結事業年度の情報のみでの検討が適切でない場合、当該事業年度または連結事業年度の前後の合理的な期間における当該国外関連取引または比較対象取引の候補と考えられる取引の対価の額または利益率等の平均値等を基礎に検討（指針3-2(2)）。

6 移転価格課税を受けた場合の救済手段

【相互協議のプロセス（我が国で移転価格課税が行われた場合）】

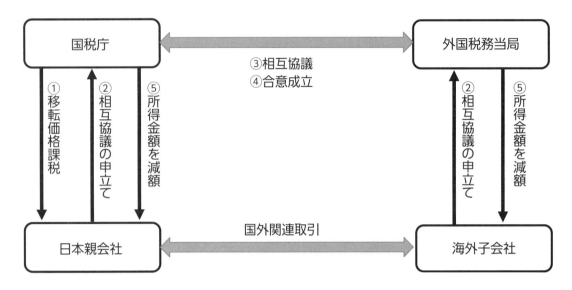

〈国内法上の救済手段〉
【移転価格の更正処分を受けた場合の救済手段】

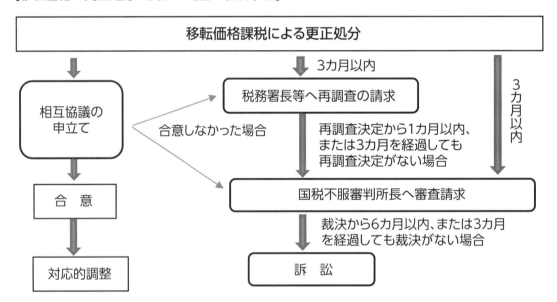

※修正申告した場合は、訴訟等の国内救済手段を採用することはできない。

【参考】国税庁「相互協議の状況」令和5年11月発表
〈相互協議事案の平均処理期間（令和4年度）〉

	すべての国・地域	OECD非加盟国・地域
全事案	30.2カ月	51.3カ月
事前確認	30.5カ月	58.2カ月
移転価格課税その他	29.2カ月	40.4カ月

相互協議（MAP：Mutual Agreement Procedure）

二重課税を解消するためには、
① 租税条約に基づく相互協議を申立て
② 国内法上の救済手段(再調査の請求、審査請求、訴訟)により課税処分取消しを求める。
　選択は、納税者の判断。実務上、両方を同時に行い相互協議優先が一般的。租税条約に基づく相互協議を申し立てた場合、我が国の税務当局が相手国の税務当局と協議。日本親会社と海外子会社は、日本の国税庁、外国税務当局に相互協議申立て、国税庁と外国税務当局は独立企業間価格の算定方法等を協議。経済協力開発機構（OECD）のモデル租税条約（OECDモデル租税条約）に準拠。日米租税条約第25条（相互協議条項）では、一方または双方の締約国の措置（更正処分等）により、租税条約の規定に適合しない課税を受けた者は、締約国の法令に定める救済手段（裁判など）とは別に、自己が居住者である締約国の「権限ある当局（competent authority）※」に相互協議を申立て。租税条約で申立期間制限あり。

　相互協議で合意に達した場合、日本の国税庁は合意金額まで所得金額を減額、外国税務当局も合意金額だけ海外子会社の所得金額を減額し税金を還付等（「対応的調整」）で二重課税を解消。相互協議では、双方の当局の合意義務、合意保証はなく、合意しない（決裂）ケースもある。この場合、国内法に規定する救済手段により二重課税の解消を求めて争う。新興国相手の場合、相互協議が難航するケースもあり、相互協議申立ては慎重に判断する。

※ 「権限ある当局（competent authority）」は、租税条約に定義。日米租税条約では、「日本国は、財務大臣又は権限を与えられたその代理者」「合衆国は、財務長官又は権限を与えられたその代理者」。実務的には、移転価格課税に関し、国税庁国税審議官（国際担当）が権限を与えられた代理者として租税条約相手国の権限ある当局と協議。

国内法上の救済手段

　税務署長に対する再調査の請求や国税不服審判所に対する審査請求、司法上の手続き（訴訟）により課税処分の取消しを求める手段を通じて課税処分が全部取り消されれば、そもそもの課税がなくなり、二重課税解消。国内法上の救済手段には、一定期間内に申請し、相互協議を優先する場合でも、国内法上の救済手続きを採っておく必要あり。

　相互協議が合意して納税者がその合意に同意すれば、国内法上の救済手段を取下げ。相互協議が合意に至らなかった場合または納税者が同意しない場合、国内法上の救済手続きに移行。

租税条約上の仲裁手続き

　相互協議開始から一定の期間内に合意できない場合（協議開始から2年経過しても解決しない場合とする取決めが多い）に、申立者からの要請に基づき、当該事案の未解決の事項を仲裁に付託する手続き。いくつかの租税条約に仲裁手続規定（仲裁規定）の定めあり（租税条約等実施特例省令12③）。「仲裁要請書」を国税庁長官に提出（1部国税庁相互協議室）。

　仲裁委員会は、両締約国の税務当局以外の第三者から構成、仲裁決定は、申立者等がこれを実施する相互協議の合意を受け入れない場合を除き、両締約国を拘束、両締約国の法令上のいかなる期間制限にもかかわらず実施。相互協議における未解決の事項について、我が国または相手国等の裁判所または行政審判所により既に決定が下されている場合、仲裁要請はできない。

【対応的調整】

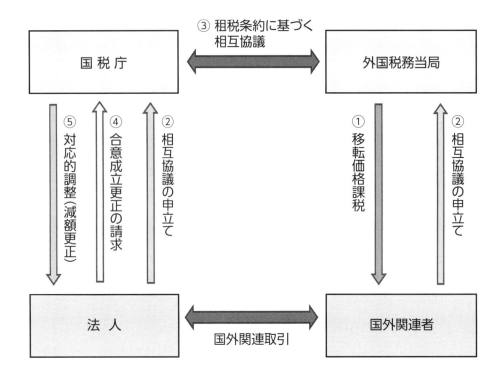

〈対応的調整の要件〉

我が国で対応的調整を行うための要件（租税条約等実施特例法7①）。

① 条約相手国で課税：相手国等で課税標準等または税額等の更正または決定相当の処分
② 相互協議の合意：相手国等の権限ある当局との間の租税条約に基づく納税者の所得の減額合意
③ その合意内容に基づき納税者が更正の請求

対応的調整（Correlative Adjustment）

　他方の締約国の関連者が移転価格課税により所得の増額更正等を受けた場合、一方の締約国の関連者の所得を減額し国際的な経済的二重課税を排除。

　特殊関連企業間の取引で、一方の企業が移転価格課税を受けた場合、二重課税が生じ、その逆に他方の締約国が独立企業原則に基づいて他方の企業に課税を行った場合、一方の締約国は一方の企業の租税について適当な調整を行う（OECDモデル租税条約 特殊関連企業条項①②⑨）。具体的な調整方法等は租税条約ではなく、国内法の租税条約等実施特例法に規定。

　なお、対応的調整は租税条約相手国で行われた課税に対して相互協議の合意による納税者の更正の請求に基づき我が国で行う減額更正処理をいい、我が国で移転価格課税が行われ、相互協議の結果、我が国の移転価格課税の一部減額の合意が成立した場合の減額更正は、「対応的調整」ではなく、職権で減額更正処理（納税者は更正の請求を要せず）。条約相手国の当局は、対応的調整で減額処理。更正請求期間は、合意日の翌日から起算して2月以内（通則法23②三、通則令6①四）。

国外移転所得金額の返還を受ける場合の取扱い

　諸外国では、対価の額と独立企業間価格とを一致させ、その差額の全部または一部を相手方から返還を受ける処理を認めているところがあり、我が国でも、納税者がその差額の返還を受けた場合に二重課税が生じないようにする措置あり。指定事項を記載した書面を所轄税務署長（国税局の調査課所管法人にあっては所轄国税局長）に提出し、返還を受けたときは、その返還を受けた金額は益金不算入（措通66の4(11)-2）。

対応的調整に伴い国外関連者に返還する金額がある場合の取扱い

　国外移転所得金額の返還を受ける場合とは逆に、外国税務当局が国外関連者に対して移転価格課税を行った場合、対応的調整で減額更正を受けた法人が、当該金額の全部または一部を国外関連者へ返還する際は、当該金額は損金に算入されない（指針5-2）。

　また、更正の請求とともに、「対応的調整に伴う返還に関する届出書」を所轄税務署長（調査課所管法人にあっては所轄国税局長）への届出の際には、その返還金額を未払金として処理（指針5-3）。

　なお、外貨建ての取引につき、返還金額は、法人税基本通達13の2-1-2（外貨建取引及び発生時換算法の円換算）の円換算額とし、当該金額とその返還日の外国為替の売買相場で円換算された額との差額は、その返還日の属する事業年度の益金または損金に算入。

7 事前確認制度 (APA: Advance Pricing Arrangement)

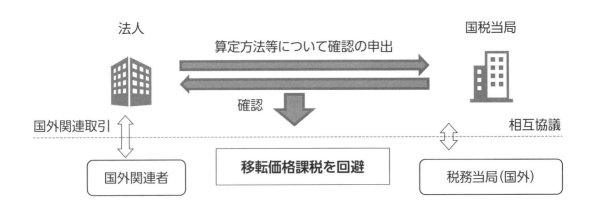

事前確認制度の種類
　①相互協議を伴う事前確認（バイラテラルAPA）
　②日本の課税当局のみによる事前確認（ユニラテラルAPA）

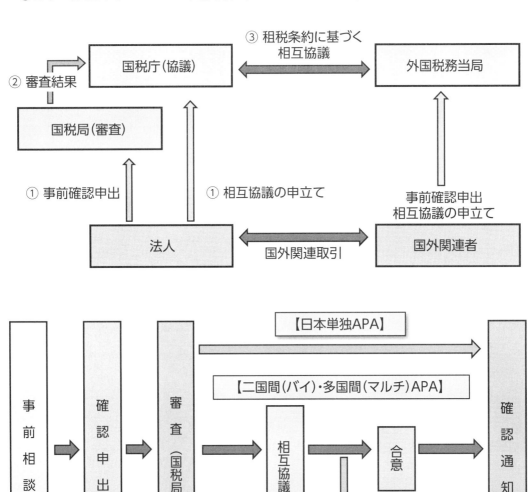

事前確認制度

　移転価格に関するリスクを未然に防止するための措置として，国外関連者との取引価格の算定方法を税務当局から事前に合意を得る制度。事前に税務当局と合意した算定方法に基づいた取引価格であれば、移転価格税制による課税はなされない。

　国外関連者との取引価格の算定方法等を税務当局に確認を求め、税務当局が確認。当該内容に従って申告を行う限り、移転価格課税の回避が可能。移転価格課税リスクを回避するために最も有力な方法。納税者の予測可能性を確保するため、納税者の申出に基づき、その申出の対象となった国外関連取引に係る独立企業間価格の算定方法およびその具体的内容について税務署長等が事前に確認を行う。

　移転価格調査は過去年度の国外関連取引を対象とするのに対し、事前確認は、将来年度の国外関連取引を対象として税務当局が事前に確認。納税者が確認の内容に適合した申告を行っている場合、確認された国外関連取引は、独立企業間価格で行われたものとして取り扱う。

　申出は、法人が事前確認を受けようとする事業年度の最初の事業年度の開始の日までに、「独立企業間価格の算定方法等の確認に関する申出書」を所轄税務署長に提出。

①　相互協議を伴う事前確認（バイラテラル APA）

　日本の税務当局と外国税務当局との間で相互協議を行って確認。外国税務当局による課税の予測可能性も確保。相互協議を伴う事前確認の場合、事前確認の申出とは別に、相互協議の申立てが必要。独立企業間価格の算定方法等の妥当性について相手国の税務当局と相互協議を行い、相互協議の合意水準で申告を行えば、我が国および相手国の税務当局から移転価格課税を受けず、移転価格課税リスクを完全に排除可能。相互協議の処理時間がかかり、事務手続きも煩雑になるデメリットあり。租税条約を締結している国との間の取引のみが対象。

②　日本の課税当局のみによる事前確認（ユニラテラル APA）

　外国税務当局との相互協議を行わずに我が国の税務当局との間のみでの確認。国外関連者が外国税務当局により課税されるリスク回避までは保証されないが、相互協議を伴う事前確認に比べ、早く処理が進む。

　確認された水準で申告する限り、我が国の税務当局から移転価格課税を受けないが、国外関連者が国外関連者所在地国の税務当局から移転価格課税を受けるリスクあり。ただし、国内の審査のみのため、処理時間はバイラテラル APA より短い。相手国と租税条約がないまたは相手国で移転価格税制がないまたは実績がない場合等で利用価値が高い。

8 別表 17⑷ 国外関連者に関する明細書

国外関連者に関する明細書

事業年度	・ ・	法人名		別表十七(四) 令六・四・一以後終了事業年度分

国外関連者の名称等		名　　　　称				
	本たの店るの又所事は在務主又所はたる事務所	国 名 又 は 地 域 名				
		所　在　地				
	主　た　る　事　業					
	従　業　員　の　数					
	資本金の額又は出資金の額					
	特 殊 の 関 係 の 区 分		第　　　　　該当	第　　　　　該当	第　　　　　該当
	株式等の保有割合	保　　有		％	％	％
		被　保　有		％	％	％
		同一の者による国外関連者の株式等の保有		％	％	％
	直近事業年度の営業収益等	事　業　年　度		・　・	・　・	・　・
		営 業 収 益 又 は 売 上 高		(　　　　百万円)	(　　　　百万円)	(　　　　百万円)
		営業費用	原　　価	(　　　　百万円)	(　　　　百万円)	(　　　　百万円)
			販売費及び一般管理費	(　　　　百万円)	(　　　　百万円)	(　　　　百万円)
		営　業　利　益		(　　　　百万円)	(　　　　百万円)	(　　　　百万円)
		税 引 前 当 期 利 益		(　　　　百万円)	(　　　　百万円)	(　　　　百万円)
		利　益　剰　余　金		(　　　　百万円)	(　　　　百万円)	(　　　　百万円)

国外関連者との取引状況等	棚卸資産の売買の対価	受　　取		百万円	百万円	百万円
		支　　払				
		算 定 方 法				
	役 務 提 供 の 対 価	受　　取		百万円	百万円	百万円
		支　　払				
		算 定 方 法				
	有 形 固 定 資 産 の 使 用 料	受　　取		百万円	百万円	百万円
		支　　払				
		算 定 方 法				
	無 形 資 産 の 譲 渡 の 対 価	受　　取		百万円	百万円	百万円
		支　　払				
		算 定 方 法				
	無形資産の使用料	受　　取		百万円	百万円	百万円
		支　　払				
		算 定 方 法				
	貸付金の利息又は借入金の利息	受　　取		百万円	百万円	百万円
		支　　払				
		算 定 方 法				
		受　　取		百万円	百万円	百万円
		支　　払				
		算 定 方 法				
事 前 確 認 の 有 無				有　・　無	有　・　無	有　・　無

52

別表17⑷ 国外関連者に関する明細書

海外に子会社等の国外関連者を有する法人が、国外関連取引を行った場合、「別表17⑷国外関連者に関する明細書」を確定申告書に添付（措法66の4㉕）。

別表17⑷には、国外関連者との取引、国外関連者の規模や取引状況、利益水準等を記載。移転価格上の問題があるかどうかの情報を提供。

国税局では、別表17⑷の記載内容をデータベース化し、移転価格調査の判断材料として活用。「国外関連取引を行う法人が、その確定申告書に（法人税申告書別表17⑷）を添付していない場合または当該別表の記載内容が十分でない場合、当該別表の提出を督促し、またはその記載の内容について補正を求めるとともに、当該国外関連取引の内容について一層的確な把握に努める。」とされている（指針3-3）。

国外関連者が保存する帳簿書類の提出義務

移転価格調査で必要な書類（電磁的記録を含む）は、法人が所持している書類に限定されず、国外関連者が保存する帳簿書類（電磁的記録を含む）の提出も求められる（措法66の4⑯）。

〈別表17⑷の国税当局の着眼点〉

項　目	着　眼　点
国外関連者の所在地	国外関連者の所在地が低税率国（シンガポール、香港など）の場合、所得を低税率国の国外関連者に移転し、グループ全体の税負担を低くしていると疑われる。低税率国に所在する国外関連者との取引は特に注目される。
国外関連者の営業利益率	移転価格上の問題を判断するうえで重要なのが国外関連者の「営業利益率」の水準。国外関連者の営業利益率が高すぎる場合、海外への所得移転が疑われ、移転価格調査の可能性が高まる。
棚卸資産の売買の対価	国外関連取引の規模をみるのに有効。国外関連取引の規模が小さい場合、移転価格調査の必要性は低いと判断される。
役務提供の対価	海外子会社との間で技術指導や管理サービス等の何らかの役務提供が行われることが多い。役務提供の対価の受取欄に記載がない場合、対価の回収漏れが想定
無形固定資産の使用料	日本の親会社が、製造技術や商標・ブランド等の無形資産を海外子会社に使用許諾しているケースが多い。対価であるロイヤリティを回収しているか、ロイヤリティ料率は低すぎないか等を検討
貸付金の利息または借入金の利息	国外関連者に対する貸付金がある場合、国外関連者から金利を収受しているか、海外子会社への貸付金利が低すぎないか等を検討
利益剰余金	国外関連者に多額の利益剰余金が存在する場合、国外関連者への所得移転が疑われる。

9 移転価格の文書化制度

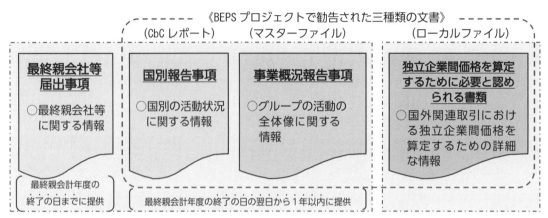

(出典) 国税庁「移転価格税制に係る文書化制度に関する改正のあらまし」より抜粋

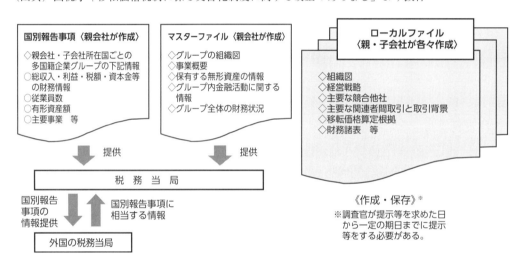

①ローカルファイル　同時文書化義務

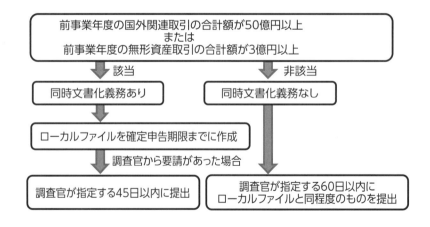

②国別報告事項　③マスターファイル

移転価格税制における文書化制度

独立企業間価格の算定根拠となる文書の作成・保存を納税者である企業に義務付ける制度。

BEPSプロジェクトにて、グローバルに活動する多国籍企業グループと国単位で情報収集等を行う税務当局との間の情報の非対称性を解消するため、各国が協調して情報共有を合意。

多国籍企業グループは、以下の情報を税務当局に提供。

① 関連者との取引における独立企業間価格を算定するための詳細な情報（ローカルファイル）

② 多国籍企業グループの国ごとの活動状況に関する情報（国別報告書：CbCレポート）

③ 多国籍企業グループのグローバルな事業活動の全体像に関する情報（マスターファイル）

BEPSプロジェクトにおける最終報告書（行動13「多国籍企業情報の文書化」）の勧告。

独立企業間価格を算定するために必要と認められる書類について同時文書化が義務化。

多国籍企業グループの透明性の確保と国際協調の観点から、移転価格税制に係る文書化制度の整備

一定規模以上の取引がある多国籍企業グループでは以下のものを整備、提出または、保存。

①	最終親会社等届出事項	最終親会社等に関する情報
②	国別報告事項 （CbCレポート）	多国籍企業グループの国ごとの活動状況に関する情報 **多国籍企業グループの構成会社等の事業が行われる国または地域ごとの収入金額、税引前当期利益、納付税額等**
③	事業概況報告事項 （マスターファイル）	多国籍企業グループのグローバルな事業活動の全体像に関する情報 **組織構造、事業の概要、財務状況等**
④	独立企業間価格を 算定するために 必要と認められる書類 （ローカルファイル）	関連者との取引における独立企業間価格を算定するための情報 **独立企業間価格を算定するために必要と認められる事項を記載した書類**

「BEPS（税源浸食と利益移転）プロジェクト」の最終報告書に基づく平成28年度税制改正

(1) ローカルファイル

国外関連者との取引における独立企業間価格を算定するために必要と認められる書類。

移転価格対応で最も重要な文書（措法66の4⑥⑦）。

【ローカルファイルの構成】

≪ローカルファイルの構成案≫

1	当社およびグループの概要
2	国外関連者の概要
3	国外関連取引の詳細 ①概要　②契約関係　③取引価格　④損益
4	国外関連取引に係る当社と国外関連者の機能およびリスク ①当社および国外関連者　②無形資産の形成への貢献
5	当社および国外関連者の事業方針等
6	市場等に関する分析
7	独立企業間価格の算定方法等 ①独立企業間価格の算定方法　②比較対象取引の詳細

（出典）国税庁「移転価格ガイドブック：同時文書化対応ガイド～ローカルファイルの作成サンプル」

独立企業間価格算定のために必要と認められる書類の記載事項（措規22の10⑥一・二）

国外関連取引の内容	① 資産の明細および役務の内容 ② 法人および国外関連者が果たす機能ならびに負担リスク（為替相場、市場金利、経済事情その他の要因による利益または損失の増加または減少）およびリスクの変更の内容 ③ 国外関連取引において使用した無形資産 ④ 国外関連取引に係る契約書または契約 ⑤ 対価の明細、設定の方法およびその設定に係る交渉の内容を記載した書類ならびに独立企業間価格の算定方法および国外関連取引に関する事項の我が国以外の当局の確認内容 ⑥ 法人および国外関連者の国外関連取引に係る損益の明細ならびにその損益の計算過程 ⑦ 国外関連取引に係る市場に関する分析（市場の特性が対価または損益に与える影響に関する分析を含む）その他当該市場に関する事項 ⑧ 法人および国外関連者の事業の内容、事業の方針および組織の系統 ⑨ 国外関連取引と密接に関連する他の取引の有無およびその取引の内容ならびにその取引が国外関連取引と密接に関連する事情
独立企業間価格の算定	① 独立企業間価格の算定方法、その選定に係る重要な前提条件およびその理由 ② 比較対象取引の選定に係る事項および当該比較対象取引等の明細（財務情報含む） ③ 利益分割法を選定した場合における法人および国外関連者の帰属所得の計算書類 ④ DCF法を選定した場合の国外関連取引を行った時の現在価値として割引金額算出 ⑤ DCF法を選定しなかった場合、独立企業間価格の算定に予測を用いる場合の独立企業間価格算定にあたり用いた予測内容、予測方法その他当該予測に関する事項 ⑥ 複数の国外関連取引を一の取引として独立企業間価格の算定の理由・取引の内容 ⑦ 比較対象取引等の差異調整（調整を加えられない場合の中央値による調整含む）の理由および当該差異調整等の方法

同時文書化義務

　法人が前事業年度に一の国外関連者との間で行った国外関連取引の合計額50億円以上または無形資産取引の合計額3億円以上の場合、確定申告書の提出期限までにローカルファイルを作成、取得、保存を義務付け。

　同時文書化義務のあるローカルファイルは、確定申告期限までに作成。

　調査官から要請があった場合、調査官が指定する45日以内に提示または提出義務。期限までに書類の提示、提出がない場合、推定課税※が行われる可能性あり。

※推定課税

　国外関連取引に係る事業と同種の事業を営む法人の売上総利益率、営業利益率等に基づき独立企業間価格を推定し追徴課税を行う。推定課税の場合、納税者は自己の取引価格が独立企業間価格であることを立証しない限り、当局の算定した価格が独立企業間価格とみなされ、相互協議による二重課税の排除が困難。

　同時文書化義務が免除された国外関連取引でも、移転価格税制の対象となり、調査官から要請がでた場合、調査官が指定する60日以内までに、同時文書化義務のあるローカルファイルと同程度の内容を提出の必要あり。提出できない場合、推定課税の可能性あり。

　同時文書化義務が免除されていたとしても税務調査において提出を求められれば、60日以内にローカルファイルに相当するものを提出しなければならない点に注意が必要。

【CbCレポート】

〈条約方式（原則）〉

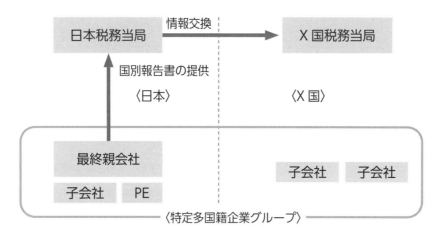

〈子会社方式（例外）〉

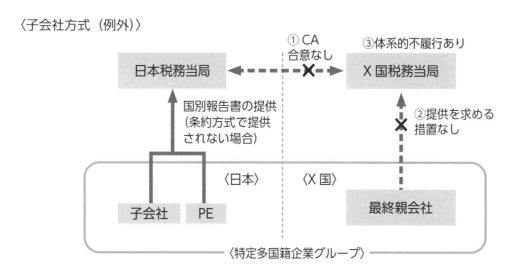

特定多国籍企業グループ（措法66の4の4④三）
多国籍企業グループのうち、直前最終親会計年度における多国籍企業グループの総収入金額が1,000億円以上
構成会社等（措法66の4の4④四、措令39の12の4④二、措規22の10の4⑧）
企業グループの連結財務諸表にその財産および損益の状況が連結して記載される会社等（財務報告上の連結子会社）。重要性を理由として連結の範囲から除外した子会社は提供対象となる構成会社等に含まれる。構成会社等は、連結財務諸表にその財産および損益の状況が連結される会社等をいい、国外関連者とは異なる。
最終親会社等（措法66の4の4④五、措令39の12の4⑤）
構成会社等のうち、他の構成会社等に係る議決権の過半数を自己の計算において所有その他の事由により、その企業グループの他の構成会社等の財務および営業または事業の方針を決定する機関（株主総会等）を支配している構成会社等で、その親会社等がないもの
代理親会社等（措法66の4の4④六）
最終親会社等以外の構成会社等で、特定多国籍企業グループの国別報告事項またはこれに相当する事項をその構成会社等の居住地国（当該最終親会社等の居住地国以外の国等に限る）の租税に関する法令を執行する当局に提供するものとして当該最終親会社等が指定したもの

■ 国別報告事項 (CbC レポート：Country-by-Country Report)

多国籍企業グループの事業活動が行われる国ごとの収入金額、当期利益、納付税額等の情報を所定のフォーマットに入力して提供を求める制度。

国別報告事項は、最終親会社等の直前の会計年度の連結総収入金額1,000億円以上の多国籍企業グループに対して、e-Taxにより所轄税務署長に提供することが義務付け。

提供期限は、最終親会社等の会計年度終了の日の翌日から1年以内。

提供された国別報告事項は、租税条約等の自動的情報交換に基づき、多国籍企業グループの構成会社等の居住地国の税務当局に情報提供され、諸外国からも国別報告事項に相当する情報を提供。

イ　最終親会社等または代理親会社等による国別報告事項の提供

（「条約方式」原則的提供方法）

特定多国籍企業グループの最終親会社等または代理親会社等である内国法人は、特定多国籍企業グループの各最終親会計年度に係る特定多国籍企業グループの構成会社等の事業が行われる国または地域ごとの収入金額、税引前当期利益、納付税額その他の事項を英語で作成した国別報告事項を、当該各最終親会計年度終了の日の翌日から1年以内に、その内国法人の本店または主たる事務所の所在地の所轄税務署長にe-Taxで提供（措法66の4の4①、措規22の10の4④）。

情報交換制度により、最終親会社会計年度終了の日の翌日から15カ月（初年度のみ18カ月）以内に、我が国と適格当局間合意※国等の税務当局に提供

※　適格当局間合意：国別報告事項またはこれに相当する情報を相互に提供するための財務大臣と我が国以外の国または地域の権限ある当局との間の国別報告事項等の提供方法等に関する提供時期、提供方法その他の細目に関する合意をいい、最終親会計年度終了の日の翌日から1年を経過する日において現に効力を有するもの

ロ　最終親会社等または代理親会社等以外の構成会社等による国別報告事項の提供

（例外：子会社方式）

税務当局が国別報告事項の提供を行えない場合、構成会社等である内国法人または恒久的施設を有する外国法人は、国別報告事項を、報告対象となる会計年度の終了の日から1年以内に、e-Taxにより所轄税務署長に提供（措法66の4の4②、措令39の12の4①）。

ハ　最終親会社等届出事項

特定多国籍企業グループの構成会社等である内国法人または当該構成会社等である恒久的施設を有する外国法人は、特定多国籍企業グループの各最終親会計年度に係る特定多国籍企業グループの最終親会社等および代理親会社等に関する情報を記載した最終親会社等届出事項を、当該各最終親会計年度終了の日までに、e-Taxにより、内国法人にあってはその本店または主たる事務所の所在地、外国法人にあってはその恒久的施設を通じて行う事業に係る事務所、事業所その他これらに準ずるものの所在地（これらが2以上ある場合、主たるものの所在地）の所轄税務署長に提供（措法66の4の4⑤）。

【切出し損益作成のイメージ図】

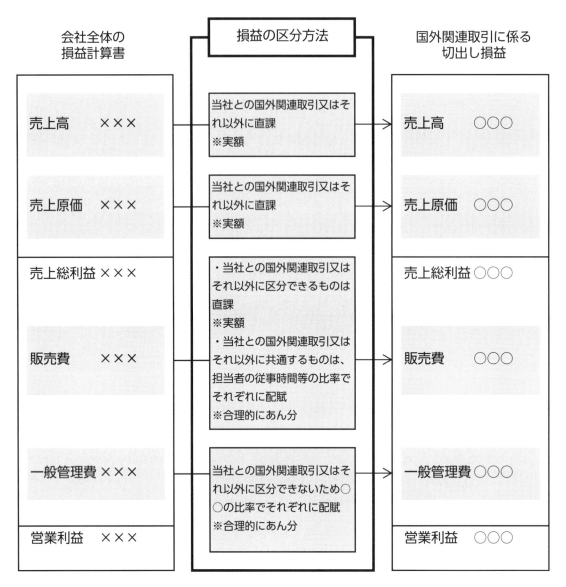

（出典）国税庁「同時文書化対応ガイド」

(2) マスターファイル

　多国籍企業グループの組織構造、事業の概要、財務状況等のグローバルな事業活動の全体像を説明。我が国は、国別報告事項と同様、最終親会社等の直前の会計年度の連結総収入金額が1,000億円以上の多国籍企業グループに対し、e-Taxによる所轄税務署長への提供を義務付け。提出期限は、最終親会社等の会計年度終了の日の翌日から1年以内。

「切出し損益」とは

会社全体の損益計算書から特定の国外関連者との取引を切り出して作成した損益計算書。切出し損益は、通常、営業利益まで算出する。

　ローカルファイルを作成するには、国外関連取引に係る損益を抽出しなければならない。

　会社全体の損益計算書は、国外関連取引以外の取引を含んだ数値となっており、国外関連取引から得られた損益を切り出す作業が必要。

　本格的な移転価格調査の場合、税務当局から提出を求められる。

　売上高と売上原価は、国外関連取引に係るものが特定できるため、直課する。

　販売費は、国外関連取引に直接関係するものと、国外関連取引とそれ以外の取引に共通するものが混在しているため、前者については直課、後者については適切な配賦基準で合理的に按分する。

　一般管理費は共通する経費であるため、同様に適切な配賦基準で合理的に按分する。

　配賦基準は、売上高、売上原価、使用した資産の価額、従事した使用人の数、担当者の従事時間等などの中から合理的と認められるものを採用。

国税当局は海外子会社の営業利益率をチェック！

　海外子会社の「営業利益率」の水準が、移転価格の問題を判断するうえで重要。

　国外関連取引の対象となる個々の商品の価格の適否を個別検証することは現実的に困難だが、国外関連者との取引価格が適正かどうかは、国外関連者の営業利益率の水準を見れば推測可能。親会社から海外子会社への販売価格が独立企業間価格より低すぎれば、結果として海外子会社の営業利益率は高くなる傾向。そのため、国税当局は海外子会社の営業利益率の水準をチェックし、海外子会社の営業利益率が同業他社と比較して高すぎる場合、移転価格調査の対象となりやすい。

　海外子会社の営業利益率が一定のレンジ内に収まっているか定期的に検証し、海外子会社の営業利益率がレンジを超えるような場合、取引価格等の見直しの検討といったプロセスが、移転価格リスクを軽減する観点から有効。

特定多国籍企業グループに係る事業概況報告事項（マスターファイル）の提供制度

　特定多国籍企業グループの構成会社等である内国法人または恒久的施設を有する外国法人は、その特定多国籍企業グループの各最終親会計年度に係る組織構造、事業の概要、財務状況その他の事項を記載した事業概況報告事項（マスターファイル）を、各最終親会計年度終了の日の翌日から1年以内に、e-Taxにより、内国法人にあってはその本店または主たる事務所の所在地、外国法人にあってはその恒久的施設を通じて行う事業に係る事務所、事業所その他これらに準ずるものの所在地（2以上ある場合には、主たるものの所在地）情報を所轄税務署長に提供（措法66の4の5①）。

10 簡易な移転価格調査

	独立企業間価格の算定	調査期間
本格的な移転価格調査 ・棚卸取引 ・無形資産取引　他	比較対象取引等	長期（２年以上）に わたることが多い
簡易な移転価格調査 ⑴本来の業務に付随し 　た役務提供 ⑵企業グループ内役務 　提供 （IGS：Intra Group Service） ⑶海外子会社との金融 　取引	・役務に要した総原価 ・金融市場のデータ等	比較的短期間で終了

簡易な移転価格調査

通常の法人税調査の中で調査される可能性のある移転価格項目。

① 海外子会社に対して、本来の業務に付随した役務提供の対価の適否

② 企業グループ内の、経営・財務・業務・事務管理上の役務提供の対価の適否

③ 海外子会社に対する貸付金の金利の適否の調査等

　本来は比較対象取引を探し出して独立企業間価格を算定すべきだが、役務提供の場合は総原価、貸付金金利の場合は金融市場のデータ等を用いて比較的容易に独立企業間価格が算定でき、通常の法人税調査においても指摘されやすい項目となる。

(1) 本来の業務に付随した役務提供

- 出張に係る旅費・交通費・滞在費
- 出張者の出張期間に対応する給与、賞与、退職給付費用
- その他出張に直接要した費用
- 合理的な基準で配賦される間接費（担当部門および補助部門の一般管理費等）

総原価の集計にあたっては、次のような出張原価集計表の作成が効果的。

(参考) 出張原価集計表

		出　張　者		X	Y
直接費	旅費・交通費	①			
	滞在費	②			
	その他出張に直接要した費用	③			
	直接費総額	④（①＋②＋③）			
人件費・間接費	1日あたり人件費（注1）	⑤			
	1日あたり担当部門間接費配賦額（注2）	⑥			
	1日あたり補助部門間接費配賦額（注3）	⑦			
	出張日数	⑧			
	人件費・間接費総額	⑨（(⑤＋⑥＋⑦)×⑧）			
総　原　価		④＋⑨			

（注1）年間の人件費総額（給与、賞与、退職給付費用、法定福利費等）÷365
（注2）担当部門の間接費総額÷担当部門の人数÷365
（注3）補助部門（総務部・経理部等）の間接費総額÷全社員数÷365

本来の業務に付随した役務提供

海外拠点の設置にあたって、親会社である日本法人から技術スタッフや指導員等が派遣され、現地で技術指導や監督といった役務提供。

親会社は、役務提供を受けた海外子会社から当該役務提供対価を回収しなければならない。
対価を回収していないか、回収していても不十分である場合には、移転価格課税または寄附金として課税される可能性あり。

税務調査で指摘の多い項目
〔具体例〕
・社員教育・研修
・製造機械導入時の試運転立会いや技術指導
・販売支援や営業サポート

回収すべき対価（独立企業間価格）の算定

子会社に対して本来の業務に付随した役務提供を行う場合、海外子会社から、その役務提供の対価を回収する必要がある。この回収すべき対価は、本来的には役務提供に要した費用にマークアップ率を乗せた金額を回収すべきだが、本来の業務に付随した役務提供の場合、マークアップ率を算定するための比較対象取引を第三者間取引から見出すことが困難であり、「当該役務提供に要した総原価」でよいものとされている（指針3-11(2)）。

「総原価」の算定は、原則、当該役務提供に関連する直接費のみならず、合理的な配賦基準によって計算された担当部門および補助部門の一般管理費等間接費まで含むこととされる。

〈総原価法判定基準図〉

　本来の業務に付随した役務提供について、役務提供の総原価を独立企業間価格とする方法を適用できるかどうかの判定基準図

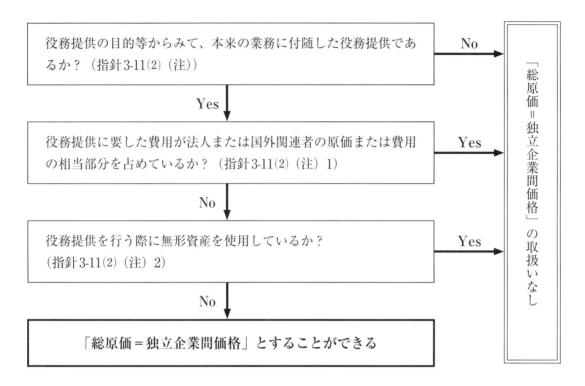

（出典）参考事例集【事例5】［図］〈一部修正〉

親会社の役務提供に要した費用が、当該役務提供を行った事業年度の原価・費用の相当部分を占める場合や、役務提供を行う際に親会社独自の技術やノウハウといった無形資産を使用している場合などは、役務提供に要した総原価を独立企業間価格とすることはできないとされている（指針 3-11(2)（注））。

この場合、一定のマークアップを付すなど、その他の適用可能な独立企業間価格の算定方法についての検討が必要。

実務上の留意点

本来の業務に付随した役務提供を行う場合、以下の点について検討。

○対価を回収すべき役務であるかの検討

親会社社員の海外子会社への出張が海外子会社から対価を回収すべき役務提供かの検討。

親会社が自社製品の製造を子会社に委託したケースで、子会社での生産体制や製品の品質をチェックすることは、製造を委託した親会社として当然行うべき業務である。海外子会社に出張したのであれば、それは親会社独自の業務を遂行するための出張であり、親会社が経費を負担すべきとなる。

それに対し、海外子会社の現地スタッフへの技術指導や教育のための出張であれば、それらは子会社にとって便益がある出張であり、もし海外子会社が第三者にそうした技術指導等を依頼したならば、通常はそれ相応の対価を支払う。こうした役務提供であれば、親会社は海外子会社から役務提供の対価を回収しなければならない。

親会社の社員が海外子会社へ出張した場合、出張の目的が子会社のための出張か、親会社都合の出張かを判断。

○海外子会社との間の契約書の整備

親会社の社員を子会社へ出張させる場合の対価の回収にあたり、事前に海外子会社との間で、提供する役務の内容、対価の算定方法等について契約書を交わすことが望ましい。

契約書において子会社から回収すべき対価を定めたにもかかわらず、子会社の業績不振等を理由として回収を見送った場合、寄附金と認定される可能性が高くなる。

○出張報告書等への明確な記載

親会社の社員が海外子会社へ出張する場合、社内的には出張稟議書や出張報告書などを作成することが多いと思われる。税務調査ではそれらの書類の記載内容をチェックし、問題がありそうな取引を抽出して検討。

出張目的（親会社独自の業務のための出張か、子会社への技術指導のための出張か等）や現地での活動実績等が明確に分かるように記載することも重要。

特に、「販売支援」「技術指導」「社員教育」などの文言が出張報告書に使われていると、対価を回収すべきとの指摘を受けやすくなる。

(2) 企業グループ内役務提供（IGS：Intra Group Service）

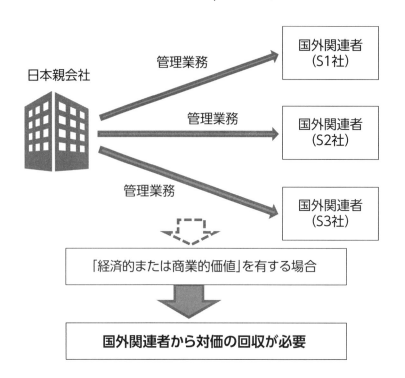

〈判断基準〉

> ▶ 当該法人が当該活動を行わなかった場合に、国外関連者が自ら当該活動と同様の活動を行う必要があると認められるかどうか。
> ▶ 非関連者が他の非関連者から当該法人が行う活動と内容、時期、期間その他の条件が同様である活動を受けた場合に対価を支払うかどうか。

〈IGSに該当する活動〉（指針3-10(1)）

企業グループ内における役務提供活動

イ	企画または調整
ロ	予算の管理または財務上の助言
ハ	会計、監査、税務または法務
ニ	債権または債務の管理または処理
ホ	情報通信システムの運用、保守または管理
ヘ	キャッシュフローまたは支払能力の管理
ト	資金の運用または調達
チ	利子率または外国為替レートに係るリスク管理
リ	製造、購買、販売、物流またはマーケティングに係る支援
ヌ	雇用、教育その他の従業員の管理に関する事務
ル	広告宣伝

（注）法人が国外関連者の要請に応じて随時活動を行い得るよう定常的に当該活動に必要な人員や設備等を利用可能な状態に維持している場合も含まれる。

企業グループ内役務提供（IGS：Intra Group Service）

企業グループ内部での、経営・財務管理、会計業務、予算管理などの役務を相互に提供し合う役務提供。

国外関連者に対し、企業グループ内役務提供を行う場合、それらの活動が、国外関連者にとって「経済的または商業的価値」を有するものは、適正な対価を回収する必要あり。これらの役務提供が無償の場合、移転価格課税または寄附金課税される可能性あり。

国外関連者にとって「経済的または商業的価値」を有するかどうかは、左記の観点から判断（指針3-10(1)）。

人員等の維持費用の取扱い

企業グループ内の役務提供には、法人が国外関連者の要請に応じて随時活動を行い得るよう定常的に当該活動に必要な人員や設備等を利用可能な状態に維持している場合も含まれるとされている（指針3-10(1)(注)）。

親会社が、国外関連者からの随時の問合せやシステムトラブル等に対応するため、親会社内にサポートデスク等の相談・支援体制を整え、スタッフを常時配置しているケース等が該当。サポートデスク等の設置にあたってはスタッフの人件費などのコストがかかり、サポートを受ける国外関連者からそれに見合う対価を収受する必要あり。

「企業グループ内役務提供」に含まれない活動

企業グループ内の活動のすべてがIGSとして対価の回収を求められるわけではない。移転価格事務運営要領では、企業グループ内役務提供に当たらない活動として、「重複活動」と「株主活動」の2つの活動を挙げている。これらの活動に該当すれば、その対価を海外子会社に請求する必要はない。

重複活動とは

親会社が国外関連者に対して行う役務提供のうち、既に国外関連者が第三者から提供を受けているか、あるいは自ら行っているものと同じサービスを親会社が重複して行っているもの（指針3-10(2)）。

このような活動は、その重複が一時的に生ずるものであると認められる場合、または当該重複する活動が事業判断の誤りに係るリスクを軽減させるために行われるものでない限り、海外子会社のために行われているものとは言えず、IGSには当たらない。

【株主活動】（指針3-10(3)）

〈株主活動の範囲〉

イ	親会社が発行している株式の金融商品取引法（昭和23年法律第25号）第2条第16項（定義）に規定する金融商品取引所への上場
ロ	親会社の株主総会の開催、株式の発行その他の親会社に係る組織上の活動であって親会社がその遵守すべき法令に基づいて行うもの
ハ	親会社による金融商品取引法第24条第1項（有価証券報告書の提出）に規定する有価証券報告書の作成（親会社が有価証券報告書を作成するために親会社としての地位に基づいて行う国外関連者の会計帳簿の監査を含む）または親会社による連結財務諸表（措置法第66条の4第4項第1号に規定する連結財務諸表をいう。以下同じ）の作成その他の親会社がその遵守すべき法令に基づいて行う書類の作成
ニ	親会社が国外関連者に係る株式または出資の持分を取得するために行う資金調達
ホ	親会社が当該親会社の株主その他の投資家に向けて行う広報
ヘ	親会社による国別報告事項に係る記録の作成その他の親会社がその遵守すべき租税に関する法令に基づいて行う活動
ト	親会社が会社法（平成17年法律第86号）第348条第3項第4号（業務の執行）に基づいて行う企業集団の業務の適正を確保するための必要な体制の整備その他のコーポレート・ガバナンスに関する活動
チ	その他親会社が専ら自らのために行う国外関連者の株主または出資者としての活動

【企業グループ内役務提供の取扱い】

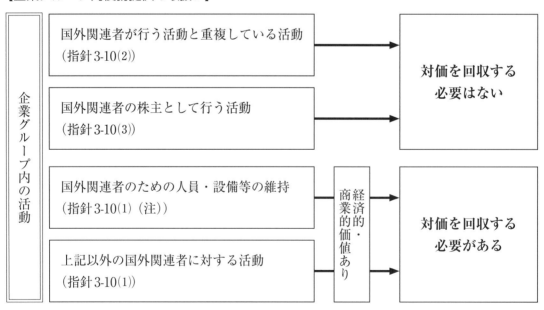

株主活動

　株主総会開催のための活動や有価証券報告書の作成など、国外関連者の株主または出資者としての地位を有する法人（親会社）が行う一定の活動。

　「株主活動」は、株主が自らのために行う活動であって、出資先の子会社が本来便益を享受すべき性質のものではないため、対価の回収も必要ない。

　そのため、株主活動に当たるかどうかの判定は重要。

　国外関連者の株主または出資者としての地位を有する法人（以下「親会社」）が行う活動のうち、左記に掲げるもの（当該活動の準備のために行われる活動を含む）は、株主活動に該当。

（株主活動の注意事項）

1　親会社が国外関連者に対して行う特定の業務に係る企画、緊急時の管理もしくは技術的助言または日々の経営に関する助言は、イからチまでに掲げる株主活動には該当せず、経済的または商業的価値を有する場合（指針3-10(1)「重複活動」に該当する場合を除く。2において同じ）、国外関連者に対する役務提供に該当。

2　親会社が国外関連者に対する投資の保全を目的として行う活動も、当該国外関連者にとって経済的または商業的価値を有する場合（指針3-10(1)）、国外関連者に対する役務提供に該当。

〈企業グループ内役務提供の独立企業間価格の算定方法〉

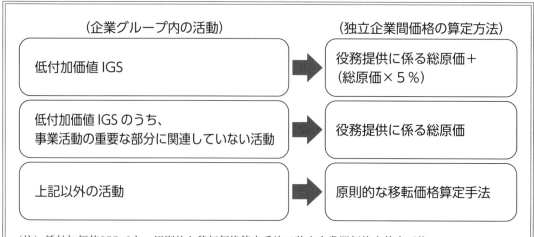

（注）低付加価値IGSでも、原則的な移転価格算定手法で独立企業間価格を算定可能。
　　なお、役務提供に係る総原価には、原則として、当該役務提供に関連する直接費のみならず、合理的な配賦基準によって計算された担当部門および補助部門における一般管理費等の間接費も含まれる。

【低付加価値IGSの5要件】

1	役務提供が支援的な性質のものであり、法人および国外関連者が属する企業グループの中核的事業活動には直接関連しない
2	役務提供において、法人または国外関連者が保有し、または他の者から使用許諾を受けた無形資産を使用していない
3	役務提供において、当該役務提供を行う法人または国外関連者が、重要なリスクの引受けもしくは管理または創出を行っていない
4	当該役務提供の内容が次に掲げる業務のいずれにも該当しない （イ）研究開発 （ロ）製造、販売、原材料の購入、物流またはマーケティング （ハ）金融、保険または再保険 （ニ）天然資源の採掘、探査または加工
5	役務提供と同種の内容の役務提供が非関連者との間で行われていない

【総原価による方法が適用できる場合】

以下の要件を満たす場合、総原価による方法が適用可能（指針3-11(3)）

イ	役務提供が上記の「低付加価値IGSの5要件」の全てを満たしている
ロ	役務提供が法人または国外関連者の事業活動の重要な部分に関連していない
ハ	役務提供に係る総原価が、当該役務提供に係る従事者の従事割合、資産の使用割合その他の合理的な方法により、当該役務提供を受けた者に配分されている

（注）以下の場合、総原価法は適用できない。
1　役務提供に要した費用が、法人または国外関連者の当該役務提供を行った事業年度の原価または費用の総額の相当部分を占める場合
2　その他役務提供の総原価を当該役務提供の対価とすることが相当ではないと認められる場合

「低付加価値IGS」とは

企業グループ内役務提供のうち、支援的な役割を果たすにすぎないような付加価値の低い役務提供。

「低付加価値IGS」に該当の場合、役務提供に係る総原価に、5%のマークアップ率を乗じた金額を加算した対価を独立企業間価格として扱うという簡易な算定方法が採用可能。「低付加価値IGS」に該当するためには、左記の要件すべてを満たす必要あり（指針3-11(1)イ〜ヘ）。

なお、この算定方法（5%マークアップ）は、法人が原則的な方法に代えて選択するものであるため、税務当局がこの算定方法により更正処分を行うことはない。

実務上の留意点

企業グループ内でどのようなIGSが行われているのかの把握が重要。

親会社の組織図等から海外子会社を統括・管理する部署を特定し、海外子会社に対し、いかなる役務の提供なのか等の確認が必要。

「海外事業部」や「国際業務部」等の海外子会社の管理等の役割を担う部署があれば、海外子会社に対する何らかの役務提供を行っていると考えられる。

税務調査対策としては、海外子会社に対して行っている役務提供を漏れなく洗い出し、個別に対価を回収すべき役務提供であるかを判断し、回収すべきと認められるものは、適正な対価を算定。

(3) 海外子会社との金融取引（資金の貸借取引・債務保証取引）

〈資金の貸借取引〉
【資金の貸借取引のイメージ図】

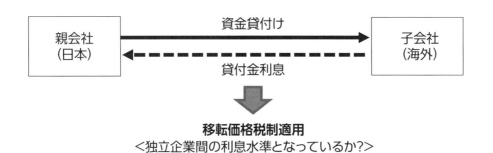

〈比較対象取引〉

国外関連者への貸付取引と通貨、時期、期間、**信用力**などが同様の状況にあること

重要となるのは**「借手の信用力」**の評価

借手の信用力を判定

　信用力とは、一般には企業の債務支払能力をいう。
　借手の信用力の評価

・取引の当事者に係る信用力の比較可能性を検討する場合には、当該当事者の信用格付その他の信用状態の評価の結果を表す指標（以下「信用格付等」という）を用いることができる（指針3-8(2)）。

・国外関連取引における借手が、外部信用格付機関の信用格付を得ていない場合であっても、公開の財務ツール等から借手と同様の信用力を有する企業に付されるであろう信用格付を算定できる場合には、当該信用格付を用いて独立企業間価格を算定することができるときがある（参考事例集 事例4 前提条件2の解説）。

海外子会社の信用力は**「信用格付」**を基に評価

信用格付が決まれば、公開データベースを用いて借手の信用格付と等しい事業会社が発行している債券の利回り等のデータを取得

74

資金の貸借取引

　日本法人が海外子会社を設立した場合、設立した当初は海外子会社の信用力が乏しいため現地での資金調達が困難な場合が多く、日本の親会社が必要資金の貸付けを行うケースがある。

　資金の貸付先が「国外関連者」であれば、資金貸付の対価である金利について移転価格税制の適用を受ける。国外関連者との間で金銭消費貸借取引を行う場合、第三者間で通常収受する金利（独立企業間価格）により取引を行う必要があり、国外関連者に無利息または低い利率で資金を貸し付けた場合、独立企業間価格との差額について移転価格課税や国外関連者に対する寄附金として課税されるリスクがある。

借手の信用力がポイント

　改正後の運営要領では、金融取引に係る比較対象取引を現実に行われる取引の中から見出すことが困難な場合、金融市場で現実に行われる市場金利等で、国外関連者への貸付取引と通貨、時期、期間、信用力などが同様の状況の下にあるものを比較対象取引とできる。

　この場合、特に重要となるのは借手の信用力の判定。

　改正後の運営要領では、借手である海外子会社の信用力を適正に評価すべきことが求められ、借手の信用評価の結果に基づき、市場金利の水準を参照して独立企業間の利率を算定。

　よって、海外子会社の信用力は「信用格付」を用いて評価する。

　事業会社で、信用格付を取得していない場合、専門の格付業者に依頼して取得するか、公開の評価ツール等を利用して信用格付を算定するといった作業が必要。

　借手の信用格付が明らかになれば、公開データベースを用いて借手の信用格付と等しい事業会社が発行している債券の利回り等のデータを取得し、独立企業間の利率を求める。

移転価格事務運営要領の改正

　BEPSプロジェクトの最終報告書の内容を踏まえて2022年1月にOECD移転価格ガイドラインが改正。それを受け、2022年6月に移転価格事務運営要領の金融取引に係る部分が大幅に改正。改正後の事務運営要領は2022年7月1日以後に開始する事業年度分の法人税の調査、または事前確認審査において適用。

〈債務保証取引〉
【債務保証取引のイメージ図】

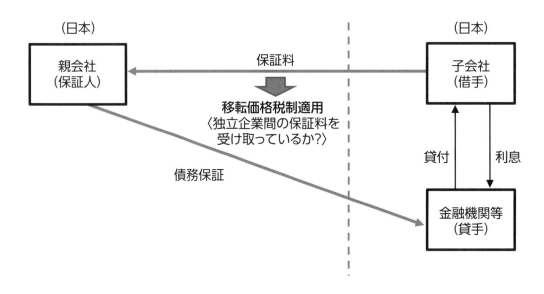

〈独立企業間価格の算定方法〉

債務保証料の独立企業間価格の算定方法として、以下の3通りの方法が示されている（指針3-8(6)）。

(3)は実務においてはほとんど用いられることがないため、実務上は主に(1)と(2)を利用。

(1) イールドアプローチ

(2) コストアプローチ

　　　　　　　　　　　　　　　　　　実務上(1)または(2)を利用

(3) クレジット・デフォルト・スワップアプローチ

債務保証取引

　海外子会社が現地の金融機関から借入を行う場合や、債券を発行して資金調達する場合、日本親会社が債務保証するケースがある。

　債務保証とは、一般に、金銭消費貸借取引における借手が債務不履行に陥った場合、保証人が借手に代わって貸手に弁済することを保証する取引をいう。

　保証を受ける者からみると、保証を受けることによって保証を受けなかった場合と比較し、有利な条件で資金調達できるかもしれない。一方、保証した者は、保証することによって、借手が弁済不能になった場合、肩代わりをしなければならないという義務が発生ずる。保証取引により、借手には便益が生じ、保証人にはリスクが生ずることから、通常、第三者である金融機関から保証を受ける場合には保証料の支払が必要となる。

　今回の移転価格事務運営要領の改正では、例えば日本の親会社が海外の子会社に債務保証を行った場合、保証料を収受しなければならない旨が規定された。よって、債務保証を行っているにもかかわらず、保証料を収受していない場合、移転価格課税等のリスクがある。

　移転価格税制では、債務保証は、保証者（親会社）から被保証者（子会社）への役務提供と考えられる。

　債務保証取引の分析にあたり、まず債務保証等を行った一方の者が、当該債務保証等の対象である債務の主たる債務者である他方の者がその債務を履行しない場合に当該他方の者に代わってその履行をする法的な責任を負っているかどうか、当該債務保証等により当該他方の者の信用力が増しているかどうかを検討（指針3-7⑵注）。

⑴　イールドアプローチ

　債務保証がない場合と債務保証がある場合の金利の差額を基に保証料率を算定するアプローチ。

　例えば、日本親会社の債務保証がない場合の利率が5％で、債務保証があれば4％になるとした場合、差額の1％を基に保証料率を求める。実務上、この1％を一定の割合（例えば50％）で分割。すなわち、この1％は最大の保証料率と考えられる。

⑵　コストアプローチ

　債務不履行が生ずる場合、債務保証を行った者が負担すべき期待損失の当該債務に対する割合を基に保証料率を算定するアプローチ。

　コストアプローチで算定された保証料率は、借手が支払う最低の保証料率と考えられる。

⑶　クレジット・デフォルト・スワップのスプレッドアプローチ

　一方が金銭を支払い、あらかじめ定めた第三者の信用状態に係る事由（債務の不履行その他これに類する事由）が生じた場合、他方の者が金銭を支払うことを約するデリバティブ取引に係るスプレッド（クレジット・デフォルト・スワップのスプレッド）のうち、対象となる債務保証等に係る信用リスクと同様の信用リスクに相当するクレジット・デフォルト・スワップのスプレッドを想定した取引を比較対象取引とする。

　独立企業間の債務保証料等を算定する際、イールドアプローチとコストアプローチによって算定された値の平均値を用い、当該債務の保証に係る取引の比較対象取引を想定。

コラム

米国の移転価格文書等

　他の多くの国と同様に、米国は、米国内国歳入法第482条をもって、納税者間の節税・脱税のための課税所得の不適切な移動（すなわち、移転価格）を規制している。米国財務省および内国歳入庁（"IRS"）は、同条項を基に米国財務省規則やその他多くのルールを規定し、特に多国籍企業が海外関連会社との取引をもって、不当な移転価格によって節税または脱税することを防御しようとしている。規定されたルールは移転価格の文書化に関するものも多く含まれている。

　米国税法上適切な移転価格文書は、移転価格税制の対象となる納税者に関する説明、その事業活動詳細、適用された移転価格が適正であると証明する財務分析等が含まれている。米国税法には移転価格文書作成の義務付けはなされていないものの、当該文書を欠く場合は、移転価格調整関連の追徴の際の罰金を避けることが非常に困難となる。移転価格調整に関わる追徴は一般に高額で、また、この際に課される罰金の負担も膨大となる可能性が高くなる。このような罰金を避けるためには、移転価格文書を該当年度の申告期限までに用意しておく必要がある（Contemporaneous Documentation）。また、IRS が移転価格文書の提出を要求した場合は、納税者は要求された日から一般的に30日以内に文書の提出をする必要がある。ただし、提出期限の延長の要求は可能である。

　また、移転価格文書の他にも、一定の納税者は関連会社間取引の記録を保持し、毎年IRSに開示（Form 5471、5472）することを義務付けられている。

　IRSが奨励する移転価格文書は次のとおりの内容が含まれている。

１．主要情報　（正確かつ簡潔な移転価格分析）

- 納税者の事業内容
- 移転価格税制の対象となる取引をする関連会社が含まれる納税者の組織構造
- 適正移転価格を証明する方法（Best Method）の詳細と当該方法が選択された理由
- Best Methodを選択するうえで考慮された他の方法およびこれらの方法が選択されなかった理由
- 移転価格税制の対象となる関連会社取引の詳細
- 適用された比較対象取引や企業の詳細、および、これらがどのように分析、評価されたかの説明
- 過去実績および将来予測の財務分析
- 該当年度の年度末から同年度の申告書が提出されるまでに取得された移転価格関連事項の情報
- 主要情報および予備情報の検索

２．予備情報

　主要情報に含まれた仮説、結果、税務取扱いは、納税者およびその事業活動の背景その他様々な予備情報が基になっている。移転価格文書の予備情報は、財務諸表、損益計算書、海外政府に提出された書類等、株主および投資構成に関する資料、借入金資料、サービス等非売買取引に関する資料、融資媒体に関する資料等を含む必要がある。

　米国は、Organization of Economic Co-operation and Development（"OECD"）によって設けられたBase erosion and profit shifting（"BEPS" − 不適切な移転価格等を用いた脱税）を防御するための対策に基づいた文書（Country-by-Country（CbC）reporting）に関わる米国財務諸規定も設けた。

　年間売上げが$850,000,000を超える米国多国籍企業の親会社はCbC Report（Form 8975）を該当年度の所得税申告書に添付する必要がある。

　CbC Reportは主に高度な移転価格リスクおよびBEPSに関わる情報採取のために用いられ、これによって、税額の調整等が行われることはまれと考えられる。

　米国は租税条約や情報交換条約を締結している国々とCbCReporting交換を目的とした相互協議に参加するために、相互協議定型契約書も発表した。

第2章

国外関連者に対する寄附金

1 「国外関連者に対する寄附金」とは

〈低額譲渡、高価買入、金銭の贈与〉

	低額譲渡	高価買入	金銭の贈与
国外関連者以外	寄附金		
国外関連者	移転価格	移転価格	寄附金（全額損金不算入）

(1) 国外関連者に対する低額譲渡、高価買入→移転価格否認（加算 社外流出）

(2) 国外関連者に対する金銭の贈与、債務免除→寄附金の損金不算入額（加算 社外流出）

〈損金不算入額〉

【寄附金の損金不算入額】

	種類	損金算入限度額
1	一般の寄附金	（資本金額基準額＋所得基準額）×1/4 ・資本基準額：期末の資本金等の額×事業年度の月数/12×2.5/1,000 ・所得基準額：当期の所得の金額×2.5/100
2	特定公益増進法人等に対する寄附金	AとBのうち少ない金額 A：特定公益増進法人等に対する寄附金の特別損金算入限度額（期末の資本金等の額×事業年度の月数/12×3.75/1,000＋当期の所得の金額×6.25/100）×1/2 B：特定公益増進法人および認定特定非営利活動法人に対する寄附金の額
3	国・地方公共団体等に対する寄附金	全額損金算入
4	財務大臣の指定した寄附金	
5	完全支配関係のある他の内国法人に対する寄付金	全額損金<u>不算入</u>
6	国外関連者に対する寄付金	全額損金<u>不算入</u>

・資本金等の額：期末の資本金の額および資本準備金の額の合計額

・事業年度の月数：暦に従い、1月未満の端数切捨

・所得金額：寄附金支出前の所得金額

　外国法人の場合、「資本金等の額」は、外国法人の資本金等の額にその外国法人の総資産の価額のうちにその外国法人の国内にある総資産（国内において事業を行う外国法人については、その外国法人の国外にある資産で国内において行う事業に係るものを含む）の価額の占める割合を乗じて計算した金額、「所得金額」は国内源泉所得に係る所得の金額

国外関連者に対する寄附金

国内のグループ会社への寄附金の場合、原則として損金算入限度額までの金額は損金となるが、国外関連者への寄附金の場合，その全額が損金不算入。

移転価格課税と寄附金課税

法人支出の寄附金のうち、国外関連者に対するものは、全額損金不算入（措法66の4③）。

・海外子会社等に対する所得移転に対し、主に「移転価格課税」と「寄附金課税」で対処。
・親子間の取引価格の操作を通じた所得移転に対処するのが移転価格課税。
・金銭の贈与や無償の役務提供、債権放棄等による利益供与に対処するのが寄附金課税。
・実務上は移転価格課税と寄附金課税について明確に区分できない。

移転価格課税も国外関連者への寄附金も、ともに全額損金不算入（社外流出）。
⇒両者の追徴税額は変わらない。

○移転価格課税の場合には相互協議により二重課税が排除できる可能性あり。
○寄附金課税の場合、通常相互協議の対象とはならない。
⇒二重課税解消のためには国内法上の救済手段（再調査の請求、審査請求および訴訟）による。

寄附金認定のポイント

税務調査において寄附金課税を受けるかどうかは、金銭その他の資産や経済的利益の供与等において基本的に民法上の贈与契約に当たるかの事実認定がポイント。

稟議書、決裁文書、会議資料、役員会議事録などの社内文書、海外子会社との契約書・合意書、海外子会社とのメール文書・ファックス・メモ、担当者への聴取などを通じ、実質的に贈与等があったと事実関係が立証される場合、寄附金課税を受ける可能性あり。

国外関連者との取引では、国外関連者に対して経済的利益を無償で供与したとして寄附金課税を受けるケースあり。海外に子会社等を有する場合、移転価格税制と並び、国外関連者に対する寄附金にも注意。

> **租税特別措置法　第66条の4（国外関連者との取引に係る課税の特例）3項**
> 法人が各事業年度において支出した寄附金（法人税法第37条第7項に規定する寄附金をいう。以下この項及び次項において同じ。）のうち当該法人に係る国外関連者に対するもの[……]は、当該法人の各事業年度の所得の金額の計算上、損金の額に算入しない。[……]

2 海外子会社への出向者に対する給与負担

〈親会社による給与較差補填〉

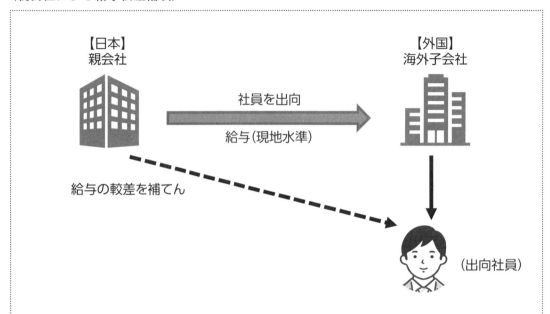

当社では、アジア地域など製造子会社を設立し、親会社の従業員を出向させている。海外子会社は現地の物価水準等に基づいた給与支給のため、給与は下がる見込み。その較差是正のため、日本親会社が給与の一部を負担した場合の税務上の取扱いは？

【回答】

海外子会社への出向者に対する給与負担金

　親会社の社員が海外子会社に出向し、出向先の海外子会社で業務に従事する場合、その社員の給与は、全額海外子会社で負担が原則。

　しかし、一部の国・地域では、日本と現地の給与水準に較差があるケースが多いことから、親会社が海外子会社との間の給与の較差を補填するために支給した金額については、親会社において損金に算入される（法基通9-2-47）。

法人税基本通達9-2-47（出向者に対する給与の較差補填）

　出向元法人が出向先法人との給与条件の較差を補填するため出向者に対して支給した給与の額（出向先法人を経て支給した金額を含む。）は、当該出向元法人の損金の額に算入する。

（注）　出向元法人が出向者に対して支給する次の金額は、いずれも給与条件の較差を補填するために支給したものとする。

　　1　出向先法人が経営不振等で出向者に賞与を支給することができないため出向元法人が当該出向者に対して支給する賞与の額

　　2　出向先法人が海外にあるため出向元法人が支給するいわゆる留守宅手当の額

　海外子会社で勤務する現地採用のローカルスタッフの中で、出向社員と同様の業務を遂行し、同程度の役職のローカルスタッフの給与相当額を海外子会社で負担し、較差部分を日本の親会社が負担している場合、親会社の負担額は損金に算入される。

　海外子会社が負担すべき出向社員の給与を親会社が全額負担した場合、その負担額は「国外関連者に対する寄附金」とされ、損金不算入となる。親会社が負担する金額が、給与較差の金額を超えている場合や親会社の負担額に明確な根拠がない場合も寄附金と判断される可能性が高い。

　海外子会社で出向者と同じ職位のローカルスタッフがいない場合、同じ職位のローカルスタッフを海外子会社が現地で採用したとした場合の給与を算定し、その給与との差額部分を親会社が負担するような形にしたほうが税務リスクは少ない。

　税務調査において寄附金課税を受けないためには、

・出向契約書等に給与の負担関係を明記

・現地採用者の給与テーブルを作成

・現地での給与水準を説明できる公的データ（現地商工会議所、JETRO資料等）を準備するなど親会社負担の較差補填金が適正であることを様々な角度から説明できることが重要。

　現地の給与水準が上昇している場合、給与較差は年々縮小する。日本親会社が過去に設定した給与較差補填を負担し続ける場合、較差補填が過大であるとの指摘を受けかねない。現地の給与水準を定期的にチェックし、較差補填の見直しが必要となる。

3 留守宅手当

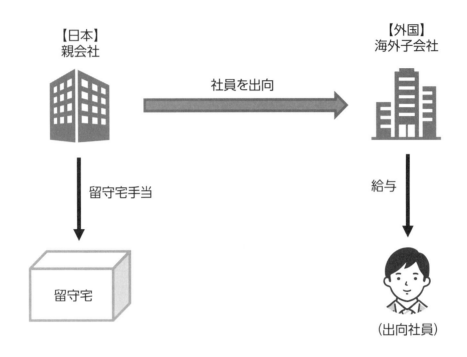

「出向先法人が海外にあるため出向元法人が支給するいわゆる留守宅手当」も較差補塡のために支給したものと認められる（法基通9-2-47（注）2）。

海外出向者に対して現地の給与水準に基づく給与を海外子会社から支給、較差の補塡部分をいわゆる留守宅手当として日本の銀行口座に振り込むといったことがみられる。留守宅手当としていくらまで損金として認められるかは触れられていないが、留守宅手当の名目で支給すればいくら支給しても認められるということではない。海外子会社において現地水準の給与を負担したうえで、留守宅手当を決めるのが妥当。「留守宅手当」が過大と判断された場合、留守宅手当の金額の具体的な算定根拠が定められていない場合等、寄附金課税の指摘を受ける可能性があり、留守宅手当の算定根拠を明確にすることが重要。

親会社の留守宅手当の日本での課税

　海外子会社への出向者が所得税法上「非居住者」に該当する場合、「非居住者」に対する日本での課税は、日本での勤務に基因して支払われた給与など「国内源泉所得」に限られる。

　海外での勤務に基因して支払われた給与は「国外源泉所得」となり、日本では課税されない。留守宅手当は出向者が海外で勤務したことに基因して支払われるもの（「国外源泉所得」）であり、出向者が非居住者であれば日本での課税関係は生じない。そのため留守宅手当の支給時の源泉徴収も不要。

留守宅手当は現地国で課税されるのか？

　留守宅手当が日本で課税されなくても、海外の勤務地国で課税される場合がある。海外勤務者は日本では非居住者だが、海外勤務地国では通常、居住者となる。日本と同様に居住者に対して全世界所得に課税する国が多く見られ、この全世界所得には日本で支給される留守宅手当も含まれると考えられる。その場合、勤務地国で留守宅手当を含めて申告する必要がある。

　実際、勤務地国で留守宅手当を申告していないケースも考えられる。「現地採用の社員に日本で支払われている給与を知られたくない」「一旦申告してしまうと過去の申告漏れが発覚してしまう」「海外の税務当局が日本で支払われている留守宅手当など把握できるわけがない」等の理由が考えられる。以前は、日本で支払われる留守宅手当を海外の税務当局が把握することは困難とされていたが、海外の税務当局との情報交換が盛んに行われ、日本から提供される情報交換資料によって、海外の税務当局が留守宅手当の支給の事実を把握する可能性がある。日本の留守宅手当という慣行が海外の税務当局にも知られ、海外赴任から数年経過後に、留守宅手当の申告漏れが発覚し、遡って多額の追徴課税を受けることもあり得る。

出向者が日本に一時帰国していた場合

　海外出向社員が短期出張等で日本に一時帰国した場合、注意が必要。日本での勤務に対応する期間分の金額は「国内源泉所得」に該当。日本と出向先国との間の租税条約で「短期滞在者免税」が設けられている場合でも、日本の親会社が支払う留守宅手当は、短期滞在者免税の要件を満たさない。よって、日本の親会社は留守宅手当の支給をする際、日本出張に対応する部分の留守宅手当について20.42％の税率で源泉徴収が必要。

4 価格調整金

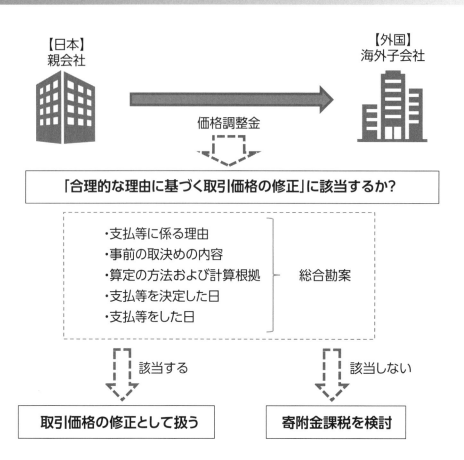

〈価格調整金とは〉
　実際に行われた国外関連者との取引価格を移転価格上の適正価格（独立企業間価格）に修正するため、実際の取引価格と独立企業間価格との差額の支払。
　国外関連者との取引価格を遡及して改定し、国外関連者に価格調整金等の名目で支払う。

> 当社は、電子部品の製造業で、アジアに設立した販売子会社に製品を輸出。今年度は、子会社の業績が下がったため、子会社への販売価格を決算期末で減額調整し、減額した金額を価格調整金として子会社に支払うことを検討。こうした価格調整金の支払は、税務上問題はないか。

【回答】
　価格調整金が「合理的な理由に基づく取引価格の修正」に該当するものかどうかの判断が重要事項の取決め、非関連者間でも同様の価格調整が行われている場合、合理的な理由があると認められやすい。
　合理的な理由が認められない場合、寄附金として全額損金不算入となる。価格調整金の支払いにより、税務当局は厳格に判断する傾向あり。
　相手国の税務当局の対応も確認が必要。相手国で価格調整金の受取りが認められない場合、二重課税のリスクあり。関税の考慮も必要。
　価格調整金を支払う際、事前の取決めや算定根拠の整備、相手国の制度確認など、慎重な対応が求められる。

価格調整金の取扱規定（指針 3-21）

> **移転価格事務運営要領3-21（価格調整金等がある場合の留意事項）**
>
> 　法人が価格調整金等の名目で、既に行われた国外関連取引に係る対価の額を事後に変更している場合には、当該変更が**合理的な理由に基づく取引価格の修正**に該当するものかどうかを検討する。
>
> 　当該変更が国外関連者に対する金銭の支払又は費用等の計上（以下「支払等」という。）により行われている場合には、当該**支払等に係る理由**、**事前の取決めの内容**、**算定の方法及び計算根拠**、当該**支払等を決定した日**、当該支払等をした日等を総合的に勘案して検討し、当該支払等が合理的な理由に基づくものと認められるときは、取引価格の修正が行われたものとして取り扱う。
>
> 　なお、当該支払等が合理的な理由に基づくものと認められない場合には、当該支払等が措置法第66条の4第3項の規定の適用を受けるものであるか等について検討する。

　価格調整金を支払う場合、移転価格事務運営要領3-21により「合理的な理由に基づく取引価格の修正」に該当するかどうかの検討が必要。合理的な理由に基づくかどうかは、支払等に係る理由、事前の取決めの内容、算定の方法および計算根拠、支払等を決定した日、支払等をした日等を総合的に勘案して検討。合理的な理由がないと判断された場合、国外関連者に対する寄附金と認定される可能性がある。

価格調整金等の支払等が通常合理的なものとは認められないケース

> ・国外関連者に対する財政的支援を目的としている場合
> ・国外関連者との間で取引価格を遡及して改定するための条件があらかじめ定められていない場合
> ・支払額の計算が法定の独立企業間価格の算定方法に基づいていない場合
> ・支払額の具体的な計算根拠がない場合

　国外関連者との間で事前の取決めがない場合でも、非関連者間との類似する取引においても同様の価格変更が行われている場合、これと同じ条件で国外関連者に支払った価格調整金は、合理的な理由に基づく取引価格の修正として取り扱われる。

　価格調整金が税務調査で問題となるケースは多く見られる。

　国税当局は、価格調整金は単なる名目で、実質は資金援助や赤字補てんではないかと疑う。特に事後的に取引価格を修正するという行為は、国税当局からは恣意的な利益調整や利益移転ではないかと問題視されやすく、寄附金課税を受けるリスクの高い取引となる。

　価格調整金制度を導入するにあたり、価格調整金に関する契約等を事前に締結するとともに、独立企業間価格の算定方法等が法令に則った適切なものであるか等の検討が必須。

関税との関係

　価格調整金は、輸入消費税についても留意する必要がある。輸入貨物に係る関税等が適正に納税申告されていたかどうかの確認は、税関の税務調査となる。

【価格調整金の具体例】

≪ケース１：非関連者間取引において同様の価格調整金等の支払が行われる場合≫

（価格調整金等の支払等の内容）

> 　Ｓ社がＹ国の第三者から購入している原材料ａは、Ｙ国以外の他の主要生産国からの供給が停止したことから、取引価格が高騰し大幅な値上げが行われた。
> 　Ｓ社は、原材料ａの値上がり分を製品Ａの販売価格に一部転嫁したが、原材料ａの価格高騰が予想以上だったことから、逆鞘取引となり、Ｓ社は原材料ａの価格高騰が起きた後に行ったＰ社との取引のうち、価格転嫁できなかったものを、遡及して取引価格を改定（値上げ）し、Ｐ社は当該改定に伴う価格調整金を一括してＳ社に支払。
> 　なお、原材料ａの価格高騰後、<u>非関連者間では原材料ａが使用された製品を、事後の取決めで遡及して取引対価が変更され、これに伴う価格調整金の授受が行われたが、Ｐ社とＳ社が行った上記の価格改定の内容はこれと同様のものであるが、適正か？</u>

【回答】
　Ｐ社がＳ社に支払った価格調整金は、合理的な理由に基づく取引価格の修正と認められる。

≪ケース２：法人と国外関連者との事前取決めに基づき価格調整金等の支払が行われる場合≫

（価格調整金等の支払等の内容）

> 　Ｐ社とＳ社は、Ｓ社を対象とする取引単位営業利益法に基づき、Ｓ社に対する製品Ａの販売価格を設定。取引単位営業利益法の適用に係る比較対象取引の売上高営業利益率を独立企業間価格の算定に係る指標として、Ｓ社の製品Ａ輸入販売取引に係る売上高営業利益率の水準をこれに一致させ、<u>各事業年度における製品Ａ輸入販売取引に係る売上高営業利益率の実績値が当該指標と乖離した場合、当該指標までの調整を行うために期中の取引価格をＳ社の決算期末で改定する旨を取り決め、覚書を取り交わしている。</u>
> 　Ｓ社は、ある事業年度において製品Ａ輸入販売取引に係る売上高営業利益率の実績値が当該指標を下回っており、その事業年度の仕入価格を決算期末で減額調整し、調整された金額の明細書をＰ社に送付。Ｐ社は、当該金額を価格調整金として事業年度の末日に未払計上し、翌事業年度にＳ社に送金。これは、適正か？

【回答】
　Ｐ社が事業年度末に未払計上した価格調整金は、合理的な理由に基づく取引価格の修正によるものと認められる。

価格調整金の支払が「合理的な理由に基づく取引価格の修正」に該当する２つのケース
〔参考事例集【事例29】（価格調整金等の取扱い）〕

【ケース１の解説】非関連者間取引において同様の価格調整金等の支払が行われる場合

　Ｐ社とＳ社は、事前の取決めに基づかずに遡及して国外関連取引に係る対価を変更し、価格調整金を支払っている。しかし、当該国外関連取引と類似する非関連者間取引においても同様の変更が行われ、価格調整金が支払われていることから、Ｐ社がＳ社に支払った価格調整金は、合理的な理由に基づく取引価格の修正と認められる。

【ケース２の解説】法人と国外関連者との事前取決めに基づき価格調整金等の支払が行われる場合≫

　Ｐ社とＳ社は、両社が取り交わした覚書に基づき、Ｓ社を対象とする取引単位営業利益法により製品Ａの取引価格を設定している。

　よって、このケースにおいてＰ社がＳ社に支払う価格調整金は、あらかじめ定められた条件の下、法定の独立企業間価格の算定方法に基づいて製品Ａの取引価格を変更するものといえる。また、製品Ａの輸入販売取引に係るＳ社の売上高営業利益率の実績値が確定するまで取引価格の変更を行う必要があるかどうかの判断ができず、さらにＰ社はＳ社から取引価格の調整に係る明細書を受領しないと価格調整金の計上ができない。よって、決算整理事項として価格調整金を損益に取り込み、貸借対照表上は未払計上することは合理的といえる。

　以上より、Ｐ社が事業年度末に未払計上した価格調整金は、計上理由、国外関連者との事前の取決めの内容、算定の方法、計算根拠、計上を決定した日、計上日等に照らして、合理的な理由に基づく取引価格の修正によるものと認められる。

5 業績不振の海外子会社等に対する支援（損失負担・無利息貸付け等）

【子会社などを整理する場合と再建する場合の税務の取扱い】

> **原則** 経済的利益の供与等として**寄附金課税対象**

寄附金に該当しない

《整理》損失負担等（法基通9-4-1）

解散・経営権譲渡
・債務の引受け
・債権放棄
・その他の損失負担

《再建》無利息貸付等（法基通9-4-2）

子会社等の再建
・無償貸付け
・低利率での貸付け
・債権放棄

特例 相当な理由がある場合、寄附金課税なし

損失負担をしなければ今後より大きな損失となることが明らかであり、やむを得ず損失負担等

倒産を防止するためやむを得ず行われるもので、合理的な再建計画に基づくこと等

【債権放棄の処理】

項目		親会社	子会社
相当の理由のある場合 （法基通9-4-1、9-4-2を満たすもの）		損金算入	益金算入
相当の理由がない場合	完全支配関係がある （法基通9-4-2の5）	損金不算入	益金不算入
	完全支配関係がない	一部損金算入 （寄附金の損金算入 限度額まで）	益金算入

　海外子会社を整理、再建するため、日本親会社が債権放棄等を行った場合、原則的に日本親会社による損失負担額は国外関連者に対する寄附金とされるが、損失負担に相当な理由がある場合、寄附金課税は行われない（法基通9-4-1、9-4-2）。子会社等を整理する場合と子会社等を再建する場合に分け、寄附金課税が行われない場合を規定。

再建支援等事案に係る検討項目およびその概要

| 再建の場合 | 整理の場合 |

1. 損失負担の必要性

(1) 事業関連性のある「子会社等」であるか【資本関係、取引関係、人的関係、資金関係等の事業関連性】

(2) 子会社等は経営危機に陥っているか
次のようなケースは、債務超過でなくても寄附金に該当しない
① 営業継続のために許認可が必要だが、現状では認可の更新がされず営業の継続が不可能
② 事業譲渡において事業譲渡者等から赤字の圧縮を強く求められている

| イ 債務超過等倒産の危機に瀕しているか
ロ 支援がなければ自力再建は不可能か | イ 整理損失は生じるか（実質債務超過か）
ロ 支援がなければ整理できないか |

(3) 支援者にとって損失負担等を行う「相当な理由」はあるか
再建または整理することにより将来のより大きな損失の負担を回避等ができるか
「相当の理由」があるかどうかのケース
① 子会社等を支援することで、今後発生する損失を回避できる
② 子会社等を再建することにより
・債権の回収可能性が高まる　・倒産した場合に比べ損失が軽減される　・支援者の信用が維持できる

2. 再建計画等（支援内容）の合理性

(1) 損失負担額（支援額）の合理性（要支援額は的確に算定されているか）
イ 損失負担額（支援額）は、再建または整理するための必要最低限の金額となっているか
ロ 子会社等の財務状態、営業状況等の見直しを考慮しているか
ハ 子会社等の経費削減等の自己努力はなされているか

(2) 再建管理等の有無

| 再建管理は行われるか | 整理計画の管理は行われるか（長期の場合） |

(3) 支援者の範囲の相当性
イ 支援者の範囲は相当か
関係者が複数いる場合、事業関連性の強弱、支援規模、支援能力等から支援者の範囲を判断
事業関連性が強い者が支援者でない場合、その理由が問題になる場合がある。
ロ 支援者以外の事業関連性を有する者が損失負担をしていない場合、合理的な理由はあるか

(4) 負担割合の合理性
・事業関連性からみて負担割合は合理的に決定されているか
・支援者が複数いる場合、損失負担（支援）額の割合は、出資状況、融資状況等から総合的に決定される必要性。
合理的な割合の例
①融資残高に応じた割合　②出資比率、融資残高比率、役員派遣割合等を総合的に考慮して決定された割合
③メインの支援者が最大限の支援をし、他の支援者で①または②に準じた割合で支援を行う場合

 いずれにも該当する場合

寄附金に該当しない

(1) 子会社等を整理する場合の損失負担等

> 中国に子会社を設立し、製造拠点としたが、人件費の高騰などにより経営が悪化し、中国子会社を清算し撤退することとした。清算にあたり、中国子会社が弁済しきれない債務等は、親会社である当社が負担せざるを得ない。親会社負担は損金に算入されるか。
>
>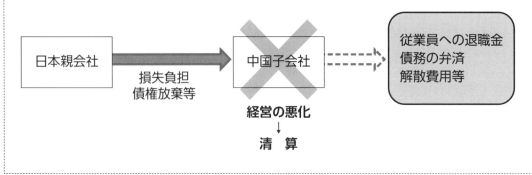

【回答】

損失負担等をすることに相当な理由があるときは、親会社の負担額は寄附金には該当しない。

(2) 子会社等を再建する場合の無利息貸付け等

> 海外に販売子会社を有し、運転資金を貸し付けている。現地国の不景気の影響で海外子会社の売上が急減し業績不振に陥り、海外子会社の経営再建のため貸付金の金利免除を検討。税務上の問題はあるか。
>
>

【回答】

業績不振の子会社倒産防止のため、やむを得ず無利息貸付けや低利貸付け等の取引が行われ、合理的な再建計画に基づいている場合、取引は経済合理性を持ち、税務上も正常な取引条件に従って行われたとし、寄附金課税をしない。

移転価格税制との関係

移転価格税制では、業績不振の海外子会社に対する貸付けであっても、その貸付金利が独立企業間の利率に満たない場合、原則その貸付けは独立企業間価格で行われたものとして所得金額を再計算する。

ただし、法人税基本通達9-4-2（子会社等を再建する場合の無利息貸付け等）の適用がある金銭の貸付けは、移転価格税制においても適正な取引として扱われる（指針3-7(1)）。

子会社等を整理する場合の損失負担等

子会社を整理撤退する場合、従業員への退職金の支払、取引先に対する債務の弁済、解散費用等が発生。子会社がこれら諸費用や債務を弁済しきれない場合、日本の親会社が負担せざるを得ない。今後より大きな損失を蒙ることが社会通念上明らかで、負担等について相当な理由があると認められ、親会社の負担額は寄附金には該当しない。

> 法人税基本通達　9-4-1（子会社等を整理する場合の損失負担等）
> 　法人がその子会社等の解散、経営権の譲渡等に伴い当該子会社等のために債務の引受けその他の損失負担又は債権放棄等（以下「損失負担等」）をした場合において、その<u>損失負担等をしなければ今後より大きな損失を蒙ることになることが社会通念上明らかであると認められる</u>ためやむを得ずその損失負担等をするに至った等そのことについて<u>相当な理由があると認められる</u>ときは、その損失負担等により供与する経済的利益は、寄附金の額に該当しないものとする。
> （注）子会社等には、当該法人と資本関係を有する者のほか、取引関係、人的関係、資金関係等において事業関連性を有する者が含まれる。

子会社等を再建する場合の無利息貸付け等

親会社が子会社に対し、金銭を無利息または通常より低利率で貸し付ける場合、適正利率と実際に収受している利息差額を、寄附金として取り扱う。しかし、無利息または低利貸付けといっても、経済取引として十分説明がつく場合、子会社整理等の場合の損失負担等と同様に寄附金と取り扱うのは相当ではない。そこで、業績不振の子会社倒産防止のため、やむを得ず無利息や低利貸付け等が行われ、合理的な再建計画に基づいている場合、経済合理性を持つことから、税務上も正常な取引条件に従って行われたとして、寄附金課税をしない。

合理的な再建計画

ポイントは、合理的な再建計画に基づくものかどうか。利害の対立する複数支援者の合意による再建計画は、合理的なものと取り扱う（法基通9-4-2（注））。経済合理性に基づき相互に牽制効果が働き、恣意的な利益操作の可能性が少なく、再建計画全体の合理性が担保。支援方法として、無利息貸付け、低利貸付け、債権放棄がその例。それら以外に経費負担、資金贈与、債務引受け等の実態に応じた方法が採用。

損失負担等を行う「相当な理由」

イ　損失負担等を行い、子会社等を整理し、今後見込まれる大きな損失を回避できる場合

ロ　子会社等再建により、残債権の弁済可能性が高まり、倒産した場合に比べ損失が軽減される場合もしくは支援者の信用が維持される場合

> 法人税基本通達9-4-2（子会社等を再建する場合の無利息貸付け等）
> 　法人がその子会社等に対して金銭の無償若しくは通常の利率よりも低い利率での貸付け又は債権放棄等（以下9-4-2において「無利息貸付け等」という。）をした場合において、その無利息貸付け等が例えば<u>業績不振の子会社等の倒産を防止するためにやむを得ず行われるもので合理的な再建計画に基づくもの</u>である等その無利息貸付け等をしたことについて<u>相当な理由があると認められる</u>ときは、その無利息貸付け等により供与する経済的利益の額は、寄附金の額に該当しないものとする。
> （注）合理的な再建計画かどうかについては、支援額の合理性、支援者による再建管理の有無、支援者の範囲の相当性及び支援割合の合理性等について、個々の事例に応じ、総合的に判断するのであるが、例えば、<u>利害の対立する複数の支援者の合意により策定されたものと認められる再建計画</u>は、原則として、合理的なものと取り扱う。

6 移転価格課税・寄附金課税を受けないためのチェックポイント

海外子会社の営業利益率は高すぎないか

移転価格上の問題点を判断するうえで重要なのが海外子会社の「営業利益率」の水準。

国税当局は海外子会社の営業利益率の水準をチェックし、海外子会社の営業利益率が同業他社と比較して高すぎる場合、移転価格調査の対象となりやすい。海外子会社の営業利益率が高い場合、親会社が海外子会社から収受すべきロイヤリティの回収漏れがないか等の確認が必要。

親会社社員が海外子会社に出張し技術指導等を行っている場合、適正対価を海外子会社から回収しているか

親会社が海外子会社に対し、「本来の業務に付随した役務提供」を行う場合、海外子会社から、少なくとも当該役務提供に要した総原価を対価として収受する必要あり。

総原価の算定にあたり、原則、当該役務提供に関連する直接費のみならず合理的な配賦基準によって計算された担当部門および補助部門の一般管理費等間接費まで含むとされる。

海外子会社に対して経営・財務サービス等の企業グループ内役務提供（IGS：Intra Group Service）を行っている場合、適正対価を回収しているか

海外子会社に対してIGSを行う場合、原則、適正な対価を回収する必要がある。企業グループ内でどのようなIGSが行われているかを把握することが重要。

IGSのうち、支援的な役割を果たすにすぎないような付加価値の低い役務提供（低付加価値IGS）に該当する場合、役務提供に係る総原価に5％のマークアップ率を乗じた金額を加算した対価を独立企業間価格として扱うとされ、実務上は有用な方法。

海外子会社に対する貸付金がある場合、適正な利率で利息を回収しているか

海外子会社に資金貸付を行っている場合、移転価格事務運営要領に定められている方法に沿って利率が決められているか確認する必要がある。

無利息貸付けや低利貸付けとなっている場合、寄附金課税のリスクあり。

海外子会社に社員を出向させている場合、海外子会社が負担すべき給与を親会社が負担していないか

海外子会社に社員を出向させている場合、海外子会社が負担すべき給与を親会社が負担していないか確認。親会社が負担している金額が、法人税基本通達9-2-47で規定される較差補填金に該当すれば寄附金とはならないので、親会社が給与の一部を負担している場合、同通達の較差補填金に該当するかどうかの確認が必要。

海外子会社へ製造技術等の無形資産を使用許諾した場合、対価であるロイヤリティを回収しているか

親会社が海外子会社に対して製造技術等の無形資産を提供している場合、その対価であるロイヤリティを適正に回収しているか確認する必要がある。特に海外子会社の営業利益率が高い場合、ロイヤリティの回収漏れが想定される。

海外子会社へ価格調整金を支払っている場合、「合理的な理由に基づく取引価格の修正」に該当するか

海外子会社へ価格調整金を支払っている場合、移転価格事務運営要領に定める一定の要件を満たしているかどうかの確認が必要。

海外子会社に対する赤字販売はないか

一般的に赤字販売は異常な取引であり、グループ間取引において赤字販売が行われている場合、利益の付替えや子会社の財務支援のための価格操作が疑われる。

海外子会社が製造・販売する製品の広告宣伝費を日本の親会社が負担していないか

日本親会社が、海外で行われる広告宣伝費用を負担した場合、親会社が負担すべき費用か否か等について税務調査で問題となる。

〈問題となりやすいケース〉

①広告宣伝の便益を享受するのが海外子会社であるにもかかわらず、日本親会社が広告宣伝費を負担している場合

②海外子会社との間で広告宣伝費の負担割合について合意しているにもかかわらず、合意された負担割合を超えて親会社が負担している場合等

広告宣伝費の負担割合の契約書や覚書き等でどのように記載されているか、広告宣伝の便益を享受するのは誰なのか、広告宣伝費の負担割合は合理的か等について検討する必要がある。

海外子会社に業務委託費等を支払っている場合は、成果物等の証拠書類はあるか

海外子会社に対する業務委託費等の支払は税務調査で狙われやすい項目。

特に、海外子会社の業績が低迷し赤字続きの場合、業務委託費等に仮装した海外子会社への資金援助が疑われる。そのため、海外子会社に業務委託費等を支払っている場合、具体的にいかなる役務が提供されたか、親会社は現実に便益を享受しているか、金額の算定根拠は合理的か等が検討される。業務委託の事実がなく、実態は資金援助と判断されると寄附金課税の対象となる可能性がある。

そのため、業務委託契約書、役務提供の報告書等の成果物、業務委託費等の金額の算定に係る根拠資料等を準備しておくことが重要。

海外子会社との契約や合意どおりの金額を回収しているか

海外子会社との契約書で「○%の利息を収受する」「売上高の○%のロイヤリティを収受する」などと定めている場合、契約どおりの金額を収受する必要がある。

海外子会社が赤字という理由のみで、契約に定めた金額を回収していない場合、寄附金に該当するとの指摘を受ける可能性が高い。

〈参考〉外貨建取引の換算等

1　外貨建取引の換算（法法61の8、法基通13の2-1-2）

　　取引日の為替レート（相場がないときは前日以前の直近相場）

為替レート

原則	T.T.M（電信売買相場の仲値）
特例（継続適用）	収益、資産……T.T.B（電信買相場） 費用等、負債……T.T.S（電信売相楊）

2　外貨建資産等の換算方法（法法61の9、法令122の4 〜 122の8）

区分		選択可能な換算方法		法定換算方法
		発生時換算法	期末時換算法	
外国通貨・売買目的有価証券		×	適用有	期末時換算法
外貨預金・外貨建債権債務 （前渡金、前受金は含まない 未収収益、未払費用は含む）		適用有	適用有	短期 期末時換算法 長期 発生時換算法
売買目的外 有価証券	期限等の定め有	適用有	適用有	発生時換算法
	上記以外のもの	適用有	×	発生時換算法

　○　短期⇒決済期限または満期日が翌期中に到来するもの

　○　新たな外国通貨の種類、区分の取引を行った場合、確定申告期限まで選定届出

　○　変更事業年度開始日の前日までに申請

3　為替予約差額の配分（法法61の8、61の10、法令122の9）

外貨建資産等の換算	資産または負債の換算⇒予約レート
	収益・費用等の換算 　イ　原則　取引日の為替レート 　ロ　特例　（取引を行う日までに予約）予約レート
為替予約差額の配分	外貨建取引以後に為替予約を行った場合（事後予約） 　イ　直々差額　予約事業年度の損益 　ロ　直先差額　予約事業年度から決済事業年度に配分
	為替予約後に外貨建取引を行った場合（事前予約） 　為替予約差額　取引事業年度から決済事業年度に配分
短期外貨建資産等の特例	為替予約差額の配分は不要

第3章

タックスヘイブン対策税制（外国子会社所得合算税制）

【タックスヘイブン対策税制（外国子会社所得合算税制）制度の概要】

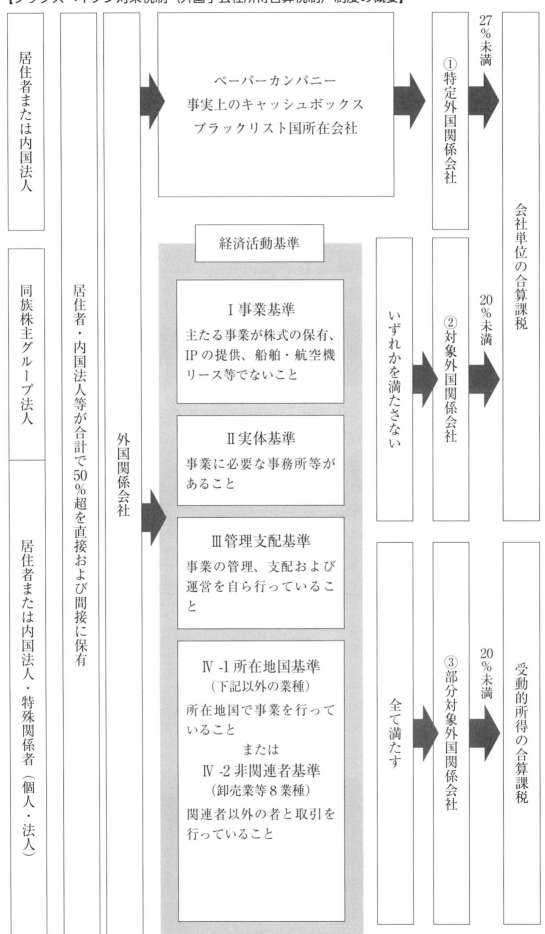

(注) 上図のペーパーカンパニー等である特定外国関係会社の租税負担割合については、内国法人の令和6年4月1日以後開始事業年度から「27％未満」に変更。同日前は「30％未満」。

タックスヘイブン対策税制（外国子会社所得合算税制）

外国関係会社の所得を親会社で合算課税。タックスヘイブンを利用した国際的な租税回避行為防止のため、内国法人が外国関係会社の株式を保有する場合、その持分に対応する所得をその内国法人の所得に合算課税（措法40の4①、66の6①）。納税義務者の判定は、内国法人の事業年度終了日ではなく、外国関係会社の各事業年度終了の時の現況。

外国関係会社

内国法人や居住者などが50％超（日本からの資本が50％超の外国法人）を保有する外国法人一社の保有割合のみではなく、それ以外の内国法人や居住者等の保有割合を合計して50％超になる場合に外国関係会社となる。保有割合（ⅰ 株式等保有割合　ⅱ 議決権保有割合　ⅲ 請求権保有割合）は直接および間接の保有割合を合計。

外国関係会社は、さらに以下に区分
　① 特定外国関係会社
　② 対象外国関係会社
　③ 部分対象外国関係会社
その外国関係会社への持株割合が10％以上の場合、以下の2種類の合算課税適用。
上記①または②に該当すると、会社単位の合算課税。
上記③に該当すると、受動的所得の合算課税。

⑴ 会社単位の合算課税
　外国関係会社の所得金額を親会社の所得とみなして合算課税。
　ペーパーカンパニー等に該当する会社（租税負担割合が27％未満）および経済活動基準のいずれかを満たさない会社（租税負担割合が20％未満）は、会社単位の合算課税が適用。
⑵ 受動的所得の合算課税
　会社単位（会社のすべての所得）ではなく、会社の所得の一部（受動的所得）について、親会社の所得に合算課税。
　ペーパーカンパニー等に該当しない会社で、かつ、経済活動基準を全て満たす場合、会社単位の合算課税は適用されないが、配当等や利子等の受動的所得について合算課税が適用。

納税義務者の範囲

外国関係会社の直接および間接の保有割合が10％以上の場合の以下のものに合算課税。
　イ　居住者・内国法人株主
　ロ　同族株主グループに属する居住者・内国法人株主
　ハ　実質支配関係がある居住者・内国法人等

1 タックスヘイブン対策税制の対象となる外国法人の判定

外国法人が外国関係会社に該当するかどうかを判定。

外国関係会社とは、居住者・内国法人等により発行済株式等の50％超を保有されている外国法人や実質支配されている外国法人（日本からの出資が50％を超えている外国法人が外国関係会社に該当）。この判定は、外国関係会社の各事業年度終了の現況による。

外国関係会社がペーパーカンパニー等に該当するか否かの判定を行い、該当すると「会社単位の合算課税」の対象となる。ただし、租税負担割合が27％以上の場合、合算課税は行われない。

ペーパーカンパニー等に該当しない場合、4つの経済活動基準を満たすかどうかの判定。
経済活動基準のいずれかを満たさない場合、「会社単位の合算課税」の対象
経済活動基準の全てを満たす場合、「受動的所得の合算課税」の対象
ただし、租税負担割合が20％以上の場合には合算課税の適用が免除

タックスヘイブン対策税制が適用される可能性があるのは、外国関係会社の10％以上の株式等を直接または間接に保有、または実質支配関係がある株主等。
内国法人のみならず個人（居住者）も納税義務者になるという点には注意が必要。

〈本税制の納税義務者〉

> イ）直接・間接の保有割合が10％以上である居住者・内国法人株主
> ロ）直接・間接の保有割合が10％以上である同族株主グループに属する居住者・内国法人株主
> ハ）実質支配関係がある居住者・内国法人等

○経済活動基準および適用される法人

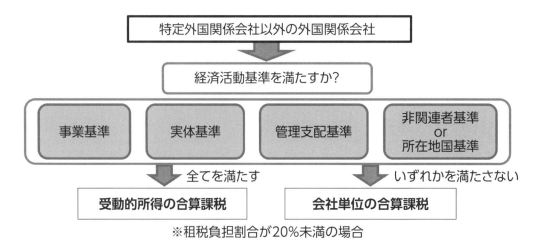

(1) 事業基準

外国関係会社の主たる事業が、以下の事業に該当しないこと。

① 株式等または債券の保有
② 工業所有権または著作権等の提供
③ 船舶または航空機の貸付け

ただし、以下のものは事業基準を満たす。

- 被統括会社の株式保有を行う一定の統括会社（事業持株会社）
- 一定の要件を満たす航空機の貸付けを主たる事業とする外国関係会社

(2) 実体基準

外国関係会社が本店所在地国において、その主たる事業に必要な事務所・店舗・工場等の固定施設を有していること。固定施設は、外国関係会社が自ら所有している必要はなく、賃借している場合でも実体基準を満たす。

(3) 管理支配基準

外国関係会社が本店所在地国において、その事業の管理、支配および運営を自ら行っていること。この管理支配基準の判定にあたっては、以下のような要素を総合的に勘案。

① 外国関係会社の株主総会および取締役会等の開催
② 事業計画の策定等
③ 役員等の職務執行
④ 会計帳簿の作成および保管等が行われている場所
⑤ その他の状況

(4) 非関連者基準または所在地国基準

外国関係会社が営む主たる事業により、非関連者基準または所在地国基準のいずれかで判定。

（外国関係会社の主たる事業）

卸売業、銀行業、信託業、金融商品取引業、保険業、水運業、航空運送業または物品賃貸業（航空機の貸付けを主たる事業とするものに限る）	非関連者基準
上記の事業以外	所在地国基準

イ　非関連者基準

外国関係会社がその事業を主として外国関係会社に係る関連者以外の者との間で行っていること。関連者以外からの収入の占める割合が50％超の場合に非関連者基準を満たすことになる。

ロ　所在地国基準

外国関係会社がその事業を主として本店所在地国で行っていること。

(1) 特定外国関係会社

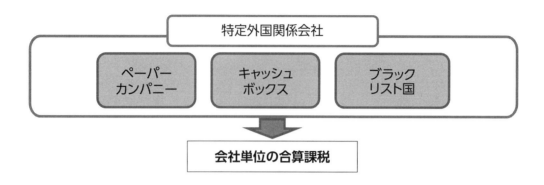

【ペーパーカンパニーから除外される一定の外国関係会社】

Ⅰ 事業要件	株式等の保有、不動産の保有、非関連者からの資金の調達および資金提供等が主たる事業であること	
Ⅱ 不可欠機能要件	対象となる外国関係会社が管理支配会社[※1]の行う事業の遂行上欠くことのできない機能を果たすこと	
Ⅲ 被管理支配要件	・対象外国関係会社の行う事業の管理、支配および運営が管理支配会社によって行われること ・対象となる外国関係会社の行う事業を的確に遂行するために通常必要と認められる業務の全てが、その本店所在地国において、管理支配会社の役員または使用人によって行われること	
Ⅳ 所在地国要件	管理支配会社と同一国に所在していること	
Ⅴ 課税要件	その所得がその本店所在地国で課税対象とされていること	
Ⅵ 収入割合要件	$\dfrac{配当、株式譲渡対価^{※2}、預金利子、不動産譲渡対価、不動産貸付け対価等}{総収入金額} > 95\%$	
Ⅶ 資産割合要件	$\dfrac{子会社株式、未収配当、未収利子、預貯金、不動産等}{総資産簿価} > 95\%$	

要件の内容（事業要件における事業、収入割合要件、資産割合要件における分子の項目等）は類型に応じて異なる。

※1 経済活動基準を満たす外国関係会社で、その本店所在地国において、その役員または使用人がその主たる事業を適格に遂行するために通常必要と認められる業務の全てに従事しているもの

※2 関連者以外の者への譲渡に限るものとし、1年以内に譲渡が行われることが見込まれていた場合の当該譲渡およびその譲渡を受けた株式等を関連者に移転することが見込まれる場合の当該譲渡を除く。

特定外国関係会社

①ペーパーカンパニー、②事実上のキャッシュボックス、③ブラックリスト国所在会社が該当。特定外国関係会社に該当すると会社単位の合算課税が適用。なお、租税負担割合が27％以上の場合には合算課税が免除。

① ペーパーカンパニー

事務所等の実体がなく、事業の管理支配を自ら行っていない（活動の実体がない）外国関係会社で、実体基準、管理支配基準のいずれにも該当しない。

イ 実体基準

主たる事業に必要と認められる事務所、店舗、工場その他の固定施設を有する。

ロ 管理支配基準

本店所在地国においてその事業の管理、支配および運営を自ら行っている。

ペーパーカンパニーから除外対象
- 持株会社である一定の外国関係会社
- 不動産保有に係る一定の外国関係会社
  - Ⅰ事業要件、Ⅱ不可欠機能要件、Ⅲ被管理支配要件、Ⅳ所在地国要件、Ⅴ課税要件、Ⅵ収入割合要件、Ⅶ資産割合要件
- 資源開発等プロジェクトに係る一定の外国関係会社

② 事実上のキャッシュボックス

総資産に比して「受動的所得」の占める割合が高い外国関係会社。

下記の2要件をいずれも満たす外国関係会社で、能動的な事業遂行やリスク管理に必要な機能を果たしていない事業体。総資産に対する受動的所得の割合が高く、かつ、総資産に対する金融資産等の割合が高い会社。

総資産額に対する一定の受動的所得の合計額の割合が30％を超え、かつ、

総資産額に対する一定の資産（有価証券、貸付金、貸付用固定資産、無形資産等）の合計額の割合が50％超の外国関係会社。

能動的な事業遂行やリスク管理に必要な機能をほとんど果たしていない事業体が該当。

$$受動的所得の場合：\frac{一定の受動的所得}{総資産の金額}>30\% \quad 金融資産等の割合：\frac{一定の金融資産等}{総資産の金額}>50\%$$

③ ブラックリスト国所在会社

情報交換に関する国際的な取組みへの協力が著しく不十分な国または地域として財務大臣が指定する国または地域に本店または主たる事務所を有する関係会社。

④ 適用除外

特定外国関係会社は、会社単位の合算課税が適用されるが、租税負担割合が27％以上（令和6年4月1日開始事業年度以前は、30％以上）の場合、適用されない。

(2) 対象外国関係会社

対象外国関係会社とは、特定外国関係会社以外で、下記の経済活動基準のいずれかを満たさない外国関係会社。

（経済活動基準）
　 i 事業基準　ii 実体基準　iii 管理支配基準　iv 非関連者基準または所在地国基準（主たる事業によっていずれかを適用）

経済活動基準は、外国関係会社がその国に所在することに経済的合理性があるか否かを判定。ii 実体基準と iii 管理支配基準は、ペーパーカンパニーの判定とほぼ同じ。

上記のいずれかの基準を満たさずに対象外国関係会社に該当すると、会社単位の合算課税が適用。なお、租税負担割合が20％以上の場合、合算課税が免除。

(3) 部分対象外国関係会社

特定外国関係会社以外の外国関係会社のうち、経済活動基準を全て満たす外国関係会社。

〈合算課税のプロセス〉

合算課税の対象となる金額（部分課税対象金額）は、以下のプロセスで計算。

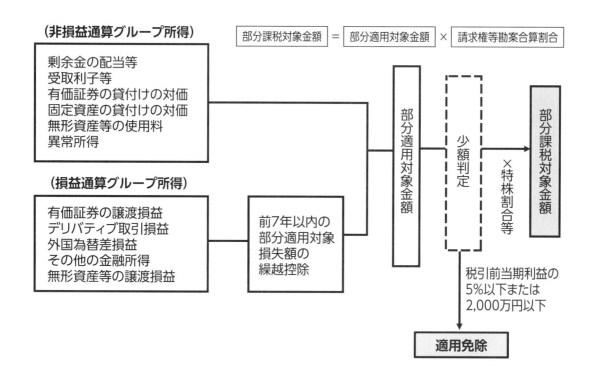

所得を合算する時期

内国法人に係る外国関係会社(特定外国関係会社および対象外国関係会社)が各事業年度において適用対象金額を有する場合、合算課税の対象となる所得は、外国関係会社の事業年度の終了の日から2月を経過する日を含む親会社の事業年度の所得に合算。

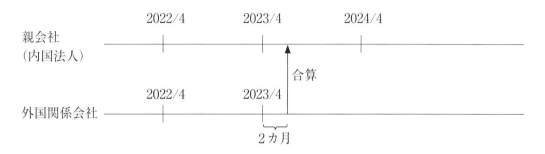

部分対象外国関係会社:受動的所得の合算課税

部分対象外国関係会社は、会社単位の合算課税は適用されず、一定の受動的所得(特定所得)のみが合算課税。ただし、租税負担割合が20%以上の場合、合算課税の対象にならない。

11種類の特定所得を2つのグループに区分し、一方のグループについて前7年以内の部分適用対象損失額の繰越控除を適用して合計。

合算の時期は、会社単位の合算課税と同様。本店所在地国で銀行業等を行っている「外国金融子会社等」に該当する場合については特例あり。

合算課税の対象となる金額は、11種類の特定所得を「非損益通算グループ所得」と「損益通算グループ所得」2つのグループに区分して計算。

プラスもマイナスも生じ得る「損益通算グループ所得」の金額がマイナスとなった場合、翌事業年度以後に繰り越して、損益通算グループ所得の金額から控除する繰越控除制度が設けられる。

特定所得

① 剰余金の配当等　② 受取利子等　③ 有価証券の貸付けの対価
④ 有価証券の譲渡損益　⑤ デリバティブ取引損益　⑥ 外国為替差損益
⑦ その他の金融所得　⑧ 固定資産の貸付けの対価　⑨ 無形資産等の使用料
⑩ 無形資産等の譲渡損益　⑪ 異常所得

部分適用対象金額は、下記のいずれかに該当する場合には、合算課税免除。
① 各事業年度の部分適用対象金額が2,000万円以下であること
② 各事業年度の決算に基づく所得の金額に相当する金額のうちに税引前当期利益の占める割合が5%以下であること

部分適用対象金額に請求権等勘案合算割合を乗じて計算。

　　部分課税対象金額＝部分適用対象金額×請求権等勘案合算割合

2 会社単位の合算課税の計算プロセス

(1) 合算課税の対象となる所得金額

【課税対象金額の計算プロセス】

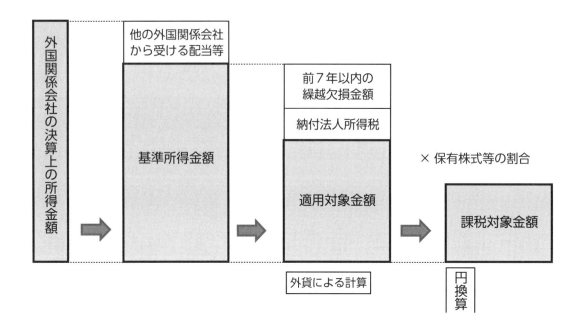

〈租税負担割合〉

　会社単位の合算課税および受動的所得の合算課税の適用を免除する際の判定に用いられる租税負担割合とは、外国関係会社の各事業年度の所得に対して課される租税の当該所得に対する割合。

$$租税負担割合 = \frac{本店所在地国等において課される外国法人税}{本店所在地国の法令により計算した所得金額}$$

　外国関係会社が現地の優遇税制の適用、非課税所得が生じた場合などは、租税負担割合が低下することがある。そのため、外国関係会社の事業年度ごとに租税負担割合の確認が必要。

（算式詳細）

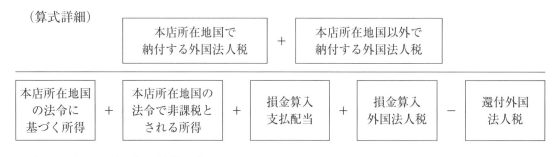

　分母・分子いずれも調整後の金額。
　なお、算定には、外国関係会社の税務申告書が必要。

① 基準所得金額

対象となる外国関係会社の基準所得金額を計算。基準所得金額の計算には、「日本の税法に基づいて計算する方法」と「外国関係会社の所在地国の税法に基づいて計算する方法」があり、一旦採用した方法は、原則、毎期継続適用。

② 適用対象金額

適用対象金額とは、基準所得金額に一定の繰越欠損金額や現地国での納付税額を調整した金額。適用対象金額のうち、株式等の保有割合に対応する金額が課税対象金額。

基準所得金額から前7年以内の繰越欠損金の合計額および外国関係会社が納付することとなる法人所得税（外国法人税）を控除して算定。この場合の法人所得税は、一般的には、前事業年度分の税額になってくるため、合算対象事業年度の所得には対応していない。

③ 課税対象金額

適用対象金額に発行済株式等のうちに内国法人の有する請求権等勘案保有株式等の占める割合を乗じて計算した金額。外国関係会社の所得金額を求め、そこから繰越欠損金と外国法人税を控除して、持分割合を乗じた金額。

外国税額控除の適用

外国関係会社の所得について、タックスヘイブン対策税制の適用によって合算課税が行われた場合、同一の所得に対して現地の外国法人税と日本の法人税が二重に課税されるため、外国税額控除の適用あり。外国関係会社の所得に対して課される外国法人税のうち、課税対象金額（部分課税対象金額）に対応する部分の金額は、内国法人が納付する控除対象外国法人税額とみなして外国税額控除が適用。

$$課される外国法人税額 \times \frac{課税対象金額}{調整適用対象金額}$$

合算課税後の配当益金不算入

タックスヘイブン対策税制の適用により合算課税の対象となった外国法人から受ける剰余金の配当等は、特定課税対象金額等に達するまでの金額について益金に算入されない。

この制度の適用を受ける場合には、合算課税がなされた事業年度以後の各事業年度の確定申告書の提出があり、益金不算入の適用を受ける事業年度の確定申告書、修正申告書、更正の請求書に所要の別表の添付が必要。

〈特定課税対象金額等〉
(1)　当期において合算課税を受ける金額
(2)　過去10年間に合算課税を受けた金額（既に益金不算入の適用を受けた金額を除く）

別表17(3) 添付対象外国関係会社の名称等に関する明細書

| 添付対象外国関係会社の名称等に関する明細書 | | 事業年度 | ・　・ | 法人名 | | 別表十七(三) 令六・四・一以後終了事業年度分 |

外　国　関　係　会　社　の　名　称　等		名　　　　　　称	1			
	本店又は主たる事務所の所在する国又は地域	国 名 又 は 地 域 名	2			
		所　　在　　地	3			
		事　業　年　度	4	・　・ ・　・	・　・ ・　・	・　・ ・　・
		主　た　る　事　業	5			
		外 国 関 係 会 社 の 区 分	6	特定外国関係会社 ・ 対象外国関係会社 ・ 外国金融子会社等以外の 部分対象外国関係会社 ・ 外国金融子会社等	特定外国関係会社 ・ 対象外国関係会社 ・ 外国金融子会社等以外の 部分対象外国関係会社 ・ 外国金融子会社等	特定外国関係会社 ・ 対象外国関係会社 ・ 外国金融子会社等以外の 部分対象外国関係会社 ・ 外国金融子会社等
		資 本 金 の 額 又 は 出 資 金 の 額	7	(　　　　　円)	(　　　　　円)	(　　　　　円)
		株 式 等 の 保 有 割 合	8	％	％	％
		営 業 収 益 又 は 売 上 高	9	(　　　　　円)	(　　　　　円)	(　　　　　円)
		営　業　利　益	10	(　　　　　円)	(　　　　　円)	(　　　　　円)
		税 引 前 当 期 利 益	11	(　　　　　円)	(　　　　　円)	(　　　　　円)
		利　益　剰　余　金	12	(　　　　　円)	(　　　　　円)	(　　　　　円)
		所得に対する租税の負担割合 (別表十七(三)付表二「39」又は「40」)	13	％	％	％
		企業集団等所得課税規定の適用を受ける外国関係会社の該当・非該当	14	該当・非該当	該当・非該当	該当・非該当
		添　付　書　類	15	貸借対照表、損益計算書、株主資本等変動計算書、損益金処分表、勘定科目内訳明細書、本店所在地国の法人所得税に関する法令により課される税に関する申告書の写し、企業集団等所得課税規定の適用がないものとした場合に計算される法人所得税の額に関する計算の明細書及びその計算の基礎となる書類	貸借対照表、損益計算書、株主資本等変動計算書、損益金処分表、勘定科目内訳明細書、本店所在地国の法人所得税に関する法令により課される税に関する申告書の写し、企業集団等所得課税規定の適用がないものとした場合に計算される法人所得税の額に関する計算の明細書及びその計算の基礎となる書類	貸借対照表、損益計算書、株主資本等変動計算書、損益金処分表、勘定科目内訳明細書、本店所在地国の法人所得税に関する法令により課される税に関する申告書の写し、企業集団等所得課税規定の適用がないものとした場合に計算される法人所得税の額に関する計算の明細書及びその計算の基礎となる書類
課 税 対 象 金 額 等 の 状 況		適用対象金額、部分適用対象金額又は金融子会社等部分適用対象金額 (別表十七(三の二)「26」、別表十七(三の三)「7」又は別表十七(三の四)「9」)	16			
		請 求 権 等 勘 案 合 算 割 合 (別表十七(三の二)「27」、別表十七(三の三)「8」又は別表十七(三の四)「10」)	17	％	％	％
		課税対象金額、部分課税対象金額又は金融子会社等部分課税対象金額 (別表十七(三の二)「28」、別表十七(三の三)「9」又は別表十七(三の四)「11」)	18	(　　　　　円)	(　　　　　円)	(　　　　　円)

確定申告書への添付書類

(1) 会社単位の合算課税の場合

租税負担割合が27％未満の特定外国関係会社と租税負担割合が20％未満の外国関係会社については、合算課税の適用の有無にかかわらず、外国関係会社に係る下記の書類を確定申告書に添付して提出

① 貸借対照表、損益計算書
② 株主資本等変動計算書、損益金の処分に関する計算書
③ ①に係る勘定科目内訳明細書
④ 本店所在地国の法令により課される税に関する申告書の写し
⑤ 株主等の氏名、住所等およびその保有株式数等を記載した書類
⑥ 出資関連外国法人等の株主等の氏名、住所等およびその保有株式数等を記載した書類
⑦ その他参考になるべき事項を記載した書類

(2) 部分対象外国関係会社

(1)と同様の書類を確定申告書に添付する必要があったが、内国法人の令和6年4月1日以後の開始事業年度からは、適用免除に該当する場合、書類の添付に代えて、納税地に7年間保存。

別表17(3)付表1　添付対象外国関係会社に係る株式等の保有割合等に関する明細書

添付対象外国関係会社に係る株式等の保有割合等に関する明細書		事業年度	・・ ・・	法人名				

| 外 国 関 係 会 社 の 名 称 | 1 | | 事　業　年　度 | 2 | ・・
・・ | |

居住者等株主等の株式等保有割合等

	氏名又は名称	住所又は本店所在地	株式等保有割合		議決権保有割合		請求権保有割合		実質支配関係
			直　接	間　接	直　接	間　接	直　接	間　接	
	3	4	5	6	7	8	9	10	11
居住者・内国法人等	本　　人		%	%	%	%	%	%	有・無
	同族株主グループ（本人を除く。）								
	そ　の　他								
合　　　　　計			%		%		%		

同族株主グループの株式等保有割合等

氏 名 又 は 名 称	住所又は本店所在地	株式等保有割合	議決権保有割合	請求権保有割合	実質支配関係
12	13	14	15	16	17
本　　人		%	%	%	有・無
そ　の　他					
合　　　　計					

別表十七(三)付表一　令六・四・一以後終了事業年度分

別表17(3)付表2　添付対象外国関係会社に係る外国関係会社の区分及び所得に対する租税の負担割合の計算に関する明細書（措法66の6⑪）

添付対象外国関係会社に係る外国関係会社の区分及び所得に対する租税の負担割合の計算に関する明細書	事業年度	・　・	法人名	

外　国　関　係　会　社　の　名　称	1		事　　業　　年　　度	2	・　・

添　付　対　象　外　国　関　係　会　社　に　係　る　外　国　関　係　会　社　の　区　分　に　関　す　る　明　細

特　定　外　国　関　係　会　社　の　判　定

ペーパー・カンパニー	主たる事業を行うに必要と認められる固定施設を有する外国関係会社でないこと	3	該当・非該当・未判定
	本店所在地国において事業の管理、支配及び運営を自ら行う外国関係会社でないこと	4	該当・非該当・未判定
	外国子会社の株式等の保有を主たる事業とする一定の外国関係会社でないこと	5	該当・非該当・未判定
	特定子会社の株式等の保有を主たる事業とする等の一定の外国関係会社でないこと	6	該当・非該当・未判定
	不動産の保有、石油その他の天然資源の探鉱等又は社会資本の整備に関する事業の遂行上欠くことのできない機能を果たしている等の一定の外国関係会社でないこと	7	該当・非該当・未判定
キャッシュ・ボックス	総資産額に対する一定の受動的所得の金額の割合が30％を超える外国関係会社（総資産額に対する一定の資産の額の割合が50％を超えるものに限る。）であること	8	該当・非該当・未判定
	非関連者等収入保険料の合計額の収入保険料の合計額に対する割合が10％未満であり、かつ、非関連者等支払再保険料合計額の関連者等収入保険料の合計額に対する割合が50％未満である外国関係会社であること	9	該当・非該当・未判定

対　象　外　国　関　係　会　社　の　判　定

経済活動基準	事業基準	株式等若しくは債券の保有、無形資産等の提供又は船舶若しくは航空機の貸付けを主たる事業とする外国関係会社でないこと	10	該当・非該当・未判定
		事業基準の特例	統　括　会　社　特　例　の　適　用	11	有　・　無
			外　国　金　融　持　株　会　社　特　例　の　適　用	12	有　・　無
			航　空　機　リ　ー　ス　子　会　社　特　例　の　適　用	13	有　・　無
	実体基準	本店所在地国において主たる事業を行うに必要と認められる固定施設を有する外国関係会社であること	14	該当・非該当・未判定
	管理支配基準	本店所在地国において事業の管理、支配及び運営を自ら行う外国関係会社であること	15	該当・非該当・未判定
	非関連者基準	非　関　連　者　取　引　割　合　が　50　％　を　超　え　る　外　国　関　係　会　社　で　あ　る　こ　と	16	該当・非該当・未判定
	所在地国基準	主　と　し　て　本　店　所　在　地　国　に　お　い　て　事　業　を　行　う　外　国　関　係　会　社　で　あ　る　こ　と	17	該当・非該当・未判定

部　分　対　象　外　国　関　係　会　社　の　判　定

特定外国関係会社及び対象外国関係会社以外の外国関係会社であること	18	該当・非該当・未判定
清　算　外　国　金　融　子　会　社　等　で　あ　る　こ　と	19	該当・非該当・未判定
(2)　の　事　業　年　度　が　特　定　清　算　事　業　年　度　で　あ　る　こ　と	20	該当・非該当・未判定
外　国　金　融　子　会　社　等　で　あ　る　こ　と	21	該当・非該当・未判定

所　得　に　対　す　る　租　税　の　負　担　割　合　の　計　算

所得の金額の計算	当期の所得金額	当　期　の　決　算　上　の利　益　又　は　欠　損　の　額	22		租税の額の外国法人税の額の計	本店所在地国の外国法人税の額	本店所在地国において課される外国法人税の額	34	
		本　店　所　在　地　国　に　お　け　る　課　税　所　得　金　額	23				（　　　　　　　　　％）
	加算の金額	非　課　税　所　得　の　金　額	24			所得の額に応じて税率が高くなる場合に納付したものとみなされる税額	35	
		損　金　の　額　に　算　入　した　支　払　配　当　等　の　額	25			納付したものとみなして本店所在地国の外国法人税の額から控除される額	36	
		損　金　の　額　に　算　入　した　外　国　法　人　税　の　額	26				
		保　険　準　備　金　繰　入限　度　超　過　額	27			本店所在地国外において課される外国法人税の額	37	
		保　険　準　備　金取　崩　不　足　額	28				
		小　　　計	29			租　税　の　額（(34)から(37)までの合計額）	38	
	減算の金額	(24)　の　う　ち　配　当　等　の　額	30		所得に対する租税の負担割合　$\dfrac{(38)}{(33)}$		39	％
		益　金　の　額　に　算　入　した還　付　外　国　法　人　税　の　額	31				
		小　　　計	32		(33)　が　零　又　は　欠　損　金　額　となる場合の租税の負担割合		40	
		所　得　の　金　額((22)又は(23))＋(29)－(32)	33				

別表17(3の2) 特定外国関係会社又は対象外国関係会社の適用対象金額等の計算に関する明細書（措法66の6①）

特定外国関係会社又は対象外国関係会社の適用対象 金額等の計算に関する明細書			事業 年度	・　・ ・　・	法人名		

外 国 関 係 会 社 の 名 称	1		事 業 年 度	2	・　　　・ ・　　　・

適 用 対 象 金 額 及 び 課 税 対 象 金 額 の 計 算

所 得 計 算 上 の 適 用 法 令	3	本邦法令・外国法令			16	
当期の利益若しくは欠損の額又は所得金額	4		減		17	
加	損金の額に算入した法人所得税の額	5			18	
		6		算	19	
		7			20	
		8		小　　計	21	
算		9		基 準 所 得 金 額 (4)＋(11)－(21)	22	
		10		繰 越 欠 損 金 の 当 期 控 除 額 (30の計)	23	
	小　　　　計	11		当 期 中 に 納 付 す る こ と と な る 法 人 所 得 税 の 額	24	
減	益金の額に算入した法人所得税の還付額	12		当 期 中 に 還 付 を 受 け る こ と と な る 法 人 所 得 税 の 額	25	
	子会社から受ける配当等の額	13		適 用 対 象 金 額 (22)－(23)－(24)＋(25)	26	
算	特定部分対象外国関係会社株式 等の特定譲渡に係る譲渡利益額	14		請 求 権 等 勘 案 合 算 割 合	27	％
	控 除 対 象 配 当 等 の 額	15		課 税 対 象 金 額 (26)×(27)	28	（　　　　円）

欠 損 金 額 の 内 訳

事 業 年 度	控 除 未 済 欠 損 金 額	当 期 控 除 額	翌 期 繰 越 額 (29)－(30)
	29	30	31
・　　・			
・　　・			
・　　・			
・　　・			
・　　・			
・　　・			
・　　・			
計			
当 期 分			
合 計			

別表17(3の3)　外国金融子会社等以外の部分対象外国関係会社に係る部分適用対象金額及び特定所得の金額等の計算に関する明細書

外国金融子会社等以外の部分対象外国関係会社に係る部分適用対象金額及び特定所得の金額等の計算に関する明細書			事業年度	・　・	法人名	
外国金融子会社等以外の部分対象外国関係会社の名称		1		事　業　年　度	2	・　・

部 分 適 用 対 象 金 額 及 び 部 分 課 税 対 象 金 額 の 計 算

項目	番号	金額	項目	番号	金額
(21)＋(30)＋(33)＋(別表十七(三の三)付表「11」＋「21」＋「39」)	3		(4)－(5)	6	
(40)＋(48)＋(51)＋(54)＋(62)＋(別表十七(三の三)付表「31」)　（マイナスの場合は0）	4		部　分　適　用　対　象　金　額　(3)＋(6)	7	
部 分 適 用 対 象 損 失 額 の 当 期 控 除 額（別表十七(三の三)付表「41の計」）	5		請　求　権　等　勘　案　合　算　割　合	8	％
			部　分　課　税　対　象　金　額　(7)×(8)	9	（　　円）

特 定 所 得 の 金 額 の 計 算

区分	項目	番号	金額	区分	項目	番号	金額
剰余金の配当等	剰 余 金 の 配 当 等 の 額 の 合 計 額	10		有価証券の譲渡損益	(34) に 係 る 原 価 の 額 の 合 計 額	37	
	(10)のうち持株割合25％以上等の子法人から受ける剰余金の配当等の額((12)に該当するものを除く。)	11			(37)のうち持株割合25％以上の法人の株式等の譲渡に係る対価の額の合計額に係る原価の額の合計額	38	
	(10)のうち持株割合10％以上等の資源関連外国子法人から受ける剰余金の配当等の額	12			(36) に 係 る 直 接 費 用 の 額 の 合 計 額	39	
	(11)及び(12)のうち支払法人において損金算入される剰余金の配当等の額	13			(36)－(((37)－(38))＋(39))	40	
	(10)－((11)＋(12)－(13))	14			一 単 位 当 た り の 帳 簿 価 額 の 算 出 の 方 法	41	移動平均法・総平均法
	(14) に 係 る 直 接 費 用 の 額 の 合 計 額	15		デリバティブ取引に係る損益	デ リ バ テ ィ ブ 取 引 に 係 る 損 益 の 額	42	
	負債利子配賦額：当期に支払う負債利子の額の合計額	16			(42)のうちヘッジ取引として行った一定のデリバティブ取引に係る損益の額	43	
	(16) のうち (15) に含まれる金額	17			(42)のうち短期売買商品等損失額を減少させるために行った一定のデリバティブ取引に係る損益の額((43)に該当するものを除く。)	44	
	総 資 産 の 帳 簿 価 額	18			(42)のうち先物外国為替契約等に相当する契約に基づくデリバティブ取引に係る損益の額((44)に該当するものを除く。)	45	
	(14) に 係 る 株 式 等 の 帳 簿 価 額	19			(42)のうち一定の金利スワップ等に係る損益の額((44)に該当するものを除く。)	46	
	(16) × (19)/(18) － (17)（マイナスの場合は0）	20			(42)のうち一定の商品先物取引業者等が行う一定の商品先物取引に係る損益の額((43)から(46)までに該当するものを除く。)	47	
	(14)－(15)－(20)（マイナスの場合は0）	21			(42)－((43)＋(44)＋(45)＋(46)＋(47))	48	
受取利子等	受 取 利 子 等 の 額 の 合 計 額	22		外国為替差損益	外 国 為 替 差 損 益 の 額	49	
	(22)のうち業務の通常の過程において生ずる預貯金利子の額	23			(49)のうちその行う事業(投機的な取引を行う事業を除く。)に係る業務の通常の過程において生ずる外国為替差損益の額	50	
	(22)のうち一定の貸金業者が行う金銭の貸付けに係る利子の額	24			(49)－(50)	51	
	(22)のうち一定の割賦販売等に係る利子の額	25		その他の金融所得	その他の金融所得に係る損益の額((21)、(30)、(33)、(40)、(48)又は(51)に該当するものを除く。)	52	
	(22)のうち一定の棚卸資産の販売から生ずる利子の額((25)に該当するものを除く。)	26			(52)のうちヘッジ取引として行った一定の取引に係る損益の額	53	
	(22)のうち一定のグループファイナンスに係る利子の額((24)に該当するものを除く。)	27			(52)－(53)	54	
	(22)－((23)＋(24)＋(25)＋(26)＋(27))	28		保険所得	当期に収入した、又は収入すべきことの確定した収入保険料(当該収入保険料のうち払い戻した、又は払い戻すべきものを除く。)	55	
	(28) に 係 る 直 接 費 用 の 額 の 合 計 額	29			当期に収入した、又は収入すべきことの確定した再保険返戻金	56	
	(28)－(29)（マイナスの場合は0）	30			当期に支払った、又は支払うべきことの確定した再保険料及び解約返戻金の合計額	57	
有価証券の貸付けに係る収益	有価証券の貸付けによる対価の額の合計額	31			(55)＋(56)－(57)（マイナスの場合は0）	58	
	(31) に 係 る 直 接 費 用 の 額 の 合 計 額	32			当期に支払った、又は支払うべきことの確定した支払保険金の額の合計額	59	
	(31)－(32)（マイナスの場合は0）	33			当期に収入した、又は収入すべきことの確定した再保険金の額の合計額	60	
有価証券の譲渡損益	有価証券の譲渡に係る対価の額の合計額	34			(59)－(60)（マイナスの場合は0）	61	
	(34)のうち持株割合25％以上の法人の株式等の譲渡に係る対価の額の合計額	35			(58)－(61)	62	
	(34)－(35)	36					

別表17(3の3)付表　外国金融子会社等以外の部分対象外国関係会社に係る特定所得の金額の計算等に関する明細書（措法66の6⑥）

外国金融子会社等以外の部分対象外国関係会社に係る特定所得の金額の計算等に関する明細書			事業年度	・　・ ・　・	法人名	

外国金融子会社等以外の部分対象外国関係会社の名称	1		事　業　年　度	2	・　・ ・　・

特　定　所　得　の　金　額　の　計　算

固定資産の貸付けに係る収益	固定資産（無形資産等を除く。）の貸付けによる対価の額の合計額	3		無形資産等の譲渡損益	無形資産等の譲渡に係る対価の額の合計額	23	
	(3)のうち主としてその本店所在地において使用に供される固定資産（不動産及び不動産の上に存する権利を除く。）の貸付けによる対価の額（(6)に該当するものを除く。）	4			(23)のうち部分対象外国関係会社が自ら行った研究開発の成果に係る無形資産等の譲渡に係る対価の額	24	
	(3)のうちその本店所在地にある不動産及び不動産の上に存する権利の貸付けによる対価の額（(6)に該当するものを除く。）	5			(23)のうち部分対象外国関係会社が取得をしその事業の用に供する無形資産等の譲渡に係る対価の額	25	
	(3)のうち一定の要件を満たす部分対象外国関係会社が行う固定資産の貸付けによる対価の額	6			(23)−((24)+(25))	26	
	(3)−((4)+(5)+(6))	7			(23)に係る原価の額の合計額	27	
	(7)に係る直接費用の額の合計額（(9)に該当するものを除く。）	8			(27)のうち部分対象外国関係会社が自ら行った研究開発の成果に係る無形資産等の譲渡に係る対価の額に係る原価の額の合計額	28	
	(7)に係る償却費の額	9			(27)のうち部分対象外国関係会社が取得をしその事業の用に供する無形資産等の譲渡に係る対価の額に係る原価の額の合計額	29	
	(8)+(9)	10			(26)に係る直接費用の額の合計額	30	
	(7)−(10) （マイナスの場合は0）	11			(26)−(((27)−(28)−(29))+(30))	31	
	償却費計算上の適用法令	12	本邦法令・外国法令	異常所得	税引後当期利益の額	32	
無形資産等の使用許諾に係る収益	無形資産等の使用料の合計額	13			(別表十七(三の三)「10」+「22」+「31」+（「34」−「37」)+「42」+「49」+「52」+「62」)+(3)+(13)+((23)−(27))	33	
	(13)のうち部分対象外国関係会社が自ら行った研究開発の成果に係る無形資産等の使用料	14			(32)−(33) （マイナスの場合は0）	34	
	(13)のうち部分対象外国関係会社が取得をしその事業の用に供する無形資産等の使用料	15		所得控除の金額	総資産の帳簿価額	35	
	(13)のうち部分対象外国関係会社が使用を許諾されその事業の用に供する無形資産等の使用料	16			人件費の額	36	
	(13)−((14)+(15)+(16))	17			減価償却費の累計額	37	
	(17)に係る直接費用の額の合計額（(19)に該当するものを除く。）	18			((35)+(36)+(37))×50%	38	
	(17)に係る償却費の額	19			(34)−(38) （マイナスの場合は0）	39	
	(18)+(19)	20					
	(17)−(20) （マイナスの場合は0）	21					
	償却費計算上の適用法令	22	本邦法令・外国法令				

部　分　適　用　対　象　損　失　額　の　内　訳

事　業　年　度	控除未済部分適用対象損失額 40	当　期　控　除　額 41	翌　期　繰　越　額 (40)−(41) 42
・　・			
・　・			
・　・			
・　・			
・　・			
・　・			
・　・			
・　・			
計			
当　期　分			
合　計			

第4章

過少資本税制

過少資本税制は、以下のいずれの要件にも該当する場合に適用される。

【要件1】

$$\frac{\text{国外支配株主等・資本供与者等に対する利付負債に係る平均負債残高}}{\text{国外支配株主等の資本持分}} > 3$$

【要件2】

$$\frac{\text{総利付負債に係る平均負債残高}}{\text{自己資本}} > 3$$

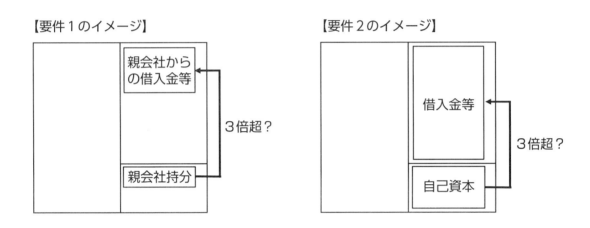

損金不算入額

資金供与者等を考慮しない極めてシンプルなケース

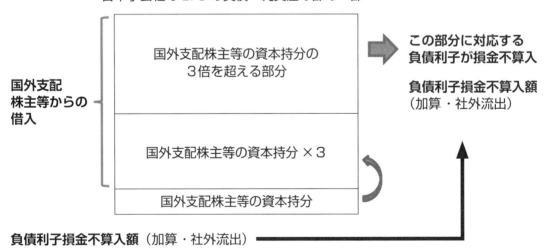

過少資本税制

過少資本税制とは、外国の親会社からの過大な借入を受け入れることによる企業の租税回避を防止するために、出資と借入の比率が一定割合（原則として、外国親会社等の資本持分の3倍）を超える部分に対応する支払利子の損金算入を認めないこととする制度。

適用要件

国外支配株主等または資金供与者等に負債の利子等を支払う内国法人が、左記要件を満たす場合に適用。国外支配株主等の資本持分は、次の算式により計算。

> 国外支配株主等の資本持分 ＝自己資本の額×国外支配株主等の直接および間接の保有割合

〈自己資本〉

次のいずれか大きい金額が自己資本となる。

イ　総資産の帳簿価額の平均残高　―　総負債の帳簿価額の平均残高

ロ　資本金等

倍数の特例

倍数の「3」に代えてその内国法人と同業種、規模類似法人の総負債の純資産に対する比率に照らし妥当と認められる倍数を用いることができる。

内国法人が、国外支配株主等または資本供与者等に負債の利子等を支払う場合、国外支配株主等または資金供与者等に対する平均負債残高（注1）が、国外支配株主等の資本持分（注2）の3倍を超えるときは、その超える部分に対応する国外支配株主等または資本供与者等に支払う負債利子は、損金に算入されない（申告書上所得金額に加算され、社外流出）。

ただし、総負債（利子等の支払の基因となるものに限られる）に係る平均負債残高が、自己資本の3倍以内であれば、この制度の適用はない。また、上記の「3倍」に代えて、同種の事業を営む内国法人で、事業規模その他の状況が類似するもの（類似法人）の総負債の純資産（資本金等に満たない場合は、資本金等）に対する比率に照らし妥当と認められる倍数を用いることができる。

（注1）平均負債残高

平均負債残高は、その事業年度の負債の帳簿価額の平均的な残高として合理的な方法により計算した金額。「合理的な方法により計算した金額」とは、例えば、負債の帳簿価額の日々の平均残高または各月末の平均残高等、その事業年度を通じた負債の帳簿価額の平均的な残高をいう。期首と期末の負債の帳簿価額の平均額は、合理的な方法により計算した金額には該当しない。

（注2）国外支配株主等の資本持分

国外支配株主等の資本持分は、以下の算式で計算。

国外支配株主等の資本持分＝自己資本×国外支配株主等の直接または間接の保有割合

〈国外支配株主等〉

　非居住者または外国法人（以下「非居住者等」）で、内国法人との間で次のいずれかの関係

(1) 親子関係

(2) 兄弟関係

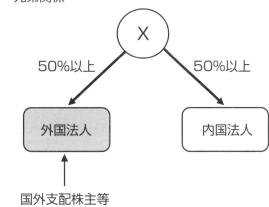

(3) 実質支配関係

(4) 資金供与者等
【資金供与者等のイメージ】

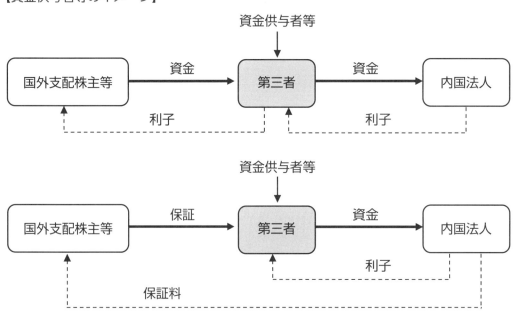

⑴　親子関係

　内国法人が発行済株式等の50％以上を直接または間接に保有される関係。

⑵　兄弟関係

　内国法人と外国法人が同一の者によって、それぞれ発行済株式等の50％以上を直接または間接に保有される関係。

⑶　実質支配関係

　次に掲げるような事実があることにより、非居住者等が内国法人の事業の方針の全部または一部について実質的に決定できる関係。

　　イ　内国法人がその事業活動の相当部分を当該非居住者等との取引に依存

　　ロ　内国法人がその事業活動に必要とされる資金の相当部分を当該非居住者等からの借入または当該非居住者等の保証を受けて調達

　　ハ　内国法人の役員の2分の1以上または代表権を有する役員が、当該外国法人の役員もしくは使用人を兼務しているか、またはかつて当該外国法人の役員もしくは使用人であった者

⑷　資金供与者等

　国外支配株主等が第三者を通じて内国法人に資金供与、第三者に対して債務保証により、第三者が内国法人に対して資金を供与したと認められる場合等における第三者。

　国外支配株主等から直接借入を行わず、内国法人と国外支配株主等の間に第三者を介在させて借入を行うことにより、過少資本税制の適用を免れようとする行為を防止するために、資金供与者等についても過少資本税制の適用を判定する際に考慮。この場合、支払保証料等が負債の利子等に含まれる。

過大支払利子税制との調整

　本制度と過大支払利子税制の双方で損金不算入額が計算される場合、その損金不算入額の大きいほうの制度が適用。

○税務署所管の外資系法人は過少資本税制に注意！

　資本金が比較的少額な税務署所管の外資系法人は過少資本税制に注意が必要。

【ケース】X国の法人であるA社は、日本での事業展開にあたり、日本に100％出資の子会社を設立した。必要な初期投資は約2億円と見込まれる。

　日本に設立する法人は、中小企業に対する税制上の優遇措置を受けられるようにするため、資本金を500万円とし、事業活動に必要な残りの資金1億9,500万円は全額X国の親会社からの借入金で調達することを検討している。

　日本子会社の資本金を500万円とすると、支払利息が損金算入できる借入金の元本の目安は1,500万円までとなり、概算で1億8,000万円に対応する支払利息は損金に算入されない可能性あり。支払利息を損金に算入するために、必要資金のうち、親会社からの出資を4分の1、残りの4分の3を親会社からの借入とするのが一つの目安となる。出資と借入のバランスを考えることも重要。

別表17(1)　国外支配株主等に係る負債の利子等の損金算入に関する明細書（措法66の5）

国外支配株主等に係る負債の利子等の損金算入に関する明細書	事業年度	・　・ ・　・	法人名		別表十七(一)　令六・四・一以後終了事業年度分

国外支配株主等及び資金供与者等に対する負債に係る平均負債残高					
国外支配株主等に対する負債に係る平均負債残高	1	円	課税対象所得に係る保証料等の支払の基因となる負債に係る平均負債残高	3	円
資金供与者等に対する負債に係る平均負債残高（(3)に該当するのを除く。）	2		国外支配株主等及び資金供与者等に対する負債に係る平均負債残高 (1)＋(2)＋(3)	4	

国外支配株主等に係る負債・資本持分比率の計算					
総資産の帳簿価額の平均残高	5	円	自己資本の額 ((7)と(8)のうち多い金額)	9	円
総負債の帳簿価額の平均残高	6		直接及び間接保有の株式等の保有割合 （別表十七(一)付表「4」の合計）	10	％
差引金額 (5)－(6)	7		国外支配株主等の資本持分 (9)×(10)	11	円
資本金等の額	8		国外支配株主等に係る負債・資本持分比率 $\frac{(4)}{(11)}$	12	倍

総負債・自己資本比率の計算					
総負債に係る平均負債残高	13	円	総負債・自己資本比率 $\frac{(13)}{(9)}$	14	倍

類似法人の総負債・純資産比率の計算					
措置法第66条の5第3項の適用の有無	15	有　・　無	類似法人の総負債の額	19	円
類似法人の名称	16		類似法人の純資産の額	20	円
類似法人の本店又は主たる事務所の所在地	17		類似法人の総負債・純資産比率 $\frac{(19)}{(20)}$ （小数点以下2位未満切上げ）	21	倍
類似法人の事業年度	18	・　　・ ・　　・			

損金不算入額の計算					
国外支配株主等に対する負債に係る負債の利子等の額	22	円	(26)が(27)以下である場合	(4)－(3)≦(11)×（3又は(21)）の場合 $(24)×\frac{(26)}{(3)}$	28	円
資金供与者等に対する負債に係る負債の利子等の額 ((24)に該当するものを除く。)	23			(4)－(3)＞(11)×（3又は(21)）の場合 $(24)+((25)-(24))×\frac{(26)-(3)}{(4)-(3)}$	29	
課税対象所得に係る保証料等の額	24		(26)が(27)を超える場合	(13)－(3)≦(9)×（3又は(21)）の場合 $(24)×\frac{(27)}{(3)}$	30	
国外支配株主等及び資金供与者等に対する負債に係る負債の利子等の額 (22)＋(23)＋(24)	25			(13)－(3)＞(9)×（3又は(21)）の場合 $(24)+((25)-(24))×\frac{(27)-(3)}{(4)-(3)}$	31	
平均負債残高超過額　(4)－(11)×（3又は(21)）	26		特例と対象純支払利子等に係る課税の	別表十七（二の二）「23」	32	
				((28)、(29)、(30)又は(31))が(32)を下回る場合	33	0
				措置法第66条の5第4項の適用の有無	34	有　・　無
平均負債残高超過額　(13)－(9)×（3又は(21)）	27		損金不算入額 ((28)、(29)、(30)若しくは(31)又は(33))	35	円

別表17(1)付表　国外支配株主等及び特定債券現先取引等に関する明細書

国外支配株主等及び特定債券現先取引等に関する明細書	事業年度	． ．	法人名	

Ⅰ　国外支配株主等の名称等

名　　　　　　　　　　称	1			
本店又は主たる事務所の所在地	2			
特　殊　の　関　係　の　区　分	3	第（　　　　　　号 該当（　　　％)	第（　　　　　　号 該当（　　　％)	第（　　　　　　号 該当（　　　％)
直接及び間接保有の株式等の割合	4	％	％	％

Ⅱ　特定債券現先取引等に関する明細

国外支配株主等に対する負債のうち特定債券現先取引等に係るもの

債券の種類・名称	平均負債残高	平均資産残高	(5)と(6)のうち少ない金額	負債の利子等の額	$(8) \times \dfrac{(7)}{(5)}$
	5	6	7	8	9
	円	円	円	円	円
計					

資金供与者等に対する負債（課税対象所得に係る保証料等の支払の基因となる負債を除く。）のうち特定債券現先取引等に係るもの

債券の種類・名称	平均負債残高	平均資産残高	(10)と(11)のうち少ない金額	負債の利子等の額	$(13) \times \dfrac{(12)}{(10)}$
	10	11	12	13	14
	円	円	円	円	円
計					

課税対象所得に係る保証料等の支払の基因となる負債のうち特定債券現先取引等に係るもの

債券の種類・名称	平均負債残高	平均資産残高	(15)と(16)のうち少ない金額	保証料等の額	$(18) \times \dfrac{(17)}{(15)}$
	15	16	17	18	19
	円	円	円	円	円
計					

その他の者に対する負債のうち特定債券現先取引等に係るもの

債券の種類・名称	平均負債残高	平均資産残高	(20)と(21)のうち少ない金額	負債の利子等の額	$(23) \times \dfrac{(22)}{(20)}$
	20	21	22	23	24
	円	円	円	円	円
計					

別表十七(一)付表　令六・四・一以後終了事業年度分

第**5**章

過大支払利子税制

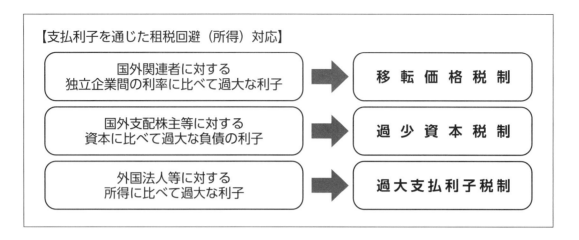

過大支払利子税制は、移転価格税制や過少資本税制で制限できない部分を補完する役割の税制。

$$損金不算入額 = 対象純支払利子等 - 調整所得金額 \times 20\%$$

【過大支払利子税制のイメージ】

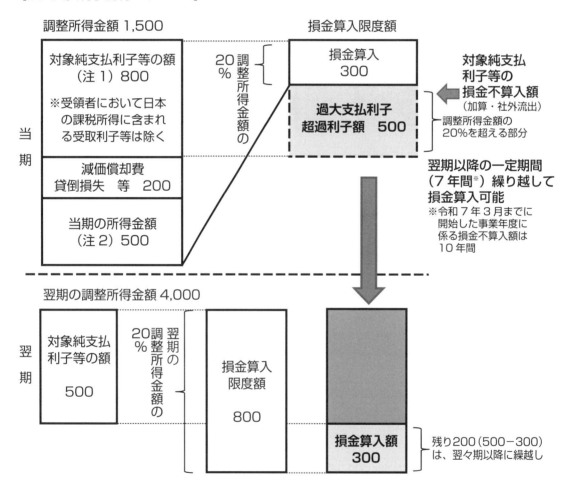

過大支払利子税制

所得金額に比べて過大な利子を支払うことを通じた所得移転を防止するため、所得金額に一定の調整を加えた調整所得金額の20%を超える一定の支払利子は、損金不算入とする制度。

移転価格税制は、支払利子の「利率」の水準が独立企業間価格に照らして高率の場合、対応できるが、過大な支払利子に対応することは困難。また、過少資本税制は、「負債」の水準が資本に比して過大な利子に対応できるが、借入と同時に増資により支払利子を増やすことが可能となり、所得金額に比して過大な支払利子に対応する規定がなかったことから、「過大支払利子税制」を創設。 なお、「過大支払利子税制」により損金不算入とされた金額は、最長で7年間繰越して、一定の限度額の範囲内で損金算入できる。

（注1）対象純支払利子等

対象支払利子等の合計額からこれに対応する受取利子等の合計額を控除した残額。次の算式により計算した金額

$$
\underbrace{\begin{array}{c}\text{対象支払利子等}\\\text{の額の合計額}\end{array} - \begin{array}{c}\text{受取利子等}\\\text{の合計額}\end{array} \times \frac{\text{対象支払利子等の額の合計額}}{\text{支払利子等の額の合計額}}}_{\text{控除対象受取利子等の合計額}}
$$

対象支払利子等

支払利子等のうち対象外支払利子等（その支払利子等を受ける者の課税対象所得に含まれる支払利子等）以外の金額。

（注2）当期の所得金額

繰越欠損金の損金算入など一定の規定を適用せず、かつ、寄附金の全額を損金算入して計算した場合の金額。

調整所得金額

青色欠損金の繰越控除等一定の規定を適用しないで、かつ、寄附金の全額を損金に算入して計算した所得金額に対象純支払利子等、減価償却費の損金算入額および貸倒損失の損金算入額を加算等した一定の金額。

損金不算入額

対象純支払利子等のうら，下記の金額は損金に算入されない。
対象純支払利子等の額 － 調整所得金額 × 20% ＝ 対象純支払利子等の損金不算入額
（加算・社外流出）

〈留意点〉

■ 「対象純支払利子等」は、関連者に対するものに限定されていないが、利子を受け取る者の日本での課税所得に含まれるものは除かれる。
　→基本的には、海外に対する支払利子が対象となる
■ 利子の支払先が海外親会社の場合だけでなく、海外子会社の場合も対象となる。

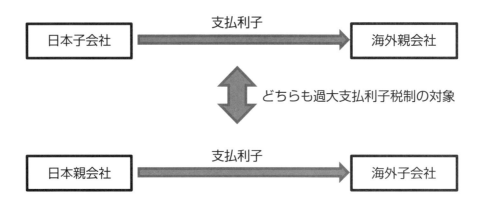

別表4の調整箇所

区分		総額	留保	社外流出
当期純利益		××円	××円	××円
加算				
減算				
仮　計（22）				
対象純支払利子等の損金不算入額（23）		損金不算入		損金不算入
超過利子額の損金算入額（24）		△損金算入		△損金算入
仮　計（25）				
寄附金の損金不算入額				

超過利子額の損金算入

過大支払利子税制の適用により損金不算入とされた金額（超過利子額）は、各事業年度開始の日前7年以内に開始した事業年度においてこの規定により損金不算入とされた金額がある場合、調整所得金額の20％相当額から対象純支払利子等を控除した残額を限度として、その事業年度の損金に算入。

この超過利子額の損金算入は、次の要件を満たす場合に適用。

① 超過利子額に係る事業年度のうち最も古い事業年度以後の各事業年度の確定申告書を連続して提出

② 適用を受けようとする事業年度の確定申告書（中間申告書を含む）、修正申告書または更正請求書に当該超過利子額、これらの規定により損金に算入される金額およびその計算に関する明細を記載した書類の添付があること

適用除外基準

次のいずれかに該当する場合、この規定は適用されない。

① 対象純支払利子等 ≦ 2,000万円

② 内国法人およびその内国法人との間に50％超の資本関係のある一定の内国法人の事業年度におけるイに掲げる金額がロに掲げる金額の20％に相当する金額を超えない場合

 イ 対象純支払利子等の合計額から対象純受取利子等の合計額を控除した残額

 ロ 調整所得金額の合計額から調整損失金額（調整所得金額の計算においてゼロを下回る金額が算出される場合のそのゼロを下回る金額）の合計額を控除した残額

適用除外の適用を受ける場合、確定申告書等にこの適用がある旨を記載した書面およびその計算に関する明細書の添付があり、かつ、その計算に関する書類の保存が必要（税務署長による宥恕あり）。

過少資本税制との調整

損金不算入額がその事業年度の国外支配株主等に係る課税の特例の規定による損金不算入額以下の場合には、この規定は適用しない。

本制度と過少資本税制の双方で損金不算入額が計算される場合、その損金不算入額の大きいほうの制度が適用。

なお、過少資本税制が適用される場合には、「超過利子額の損金算入」の適用はなく、損金不算入となった金額を7年間繰り越すことはできない。

別表17(2)　対象純支払利子等の額の損金不算入の適用除外に関する明細書（措法66の5の2③）

対象純支払利子等の額の損金不算入の適用除外に関する明細書				事業年度	： ：	法人名				別表十七(二) 令六・四・一以後終了事業年度分

金額基準		対象支払利子等合計額	1	円	特定資本関係のある内国法人グループ単位の割合基準	対象純支払利子等の額の合計額から対象純受取利子等の額の合計額を控除した残額	9	円
		控除対象受取利子等合計額	2					
		対象純支払利子等の額 (1)－(2) （マイナスの場合は0）	3			調整所得金額の合計額から調整損失金額の合計額を控除した残額	10	
	通算法人の場合	対象純支払利子等の額 (3)	4					
		対象純受取利子等の額 (2)－(1) （マイナスの場合は0）	5			(10)×20%	11	
		対象純支払利子等の額の合計額 （別表十八（三）「25の計」）	6					
		対象純受取利子等の額の合計額 （別表十八（三）「26の計」）	7					
		(6)－(7)	8					
措置法第66条の5の2第3項の適用の有無							12	有　・　無

適用の有無で「有」の場合は、適用除外

別表17(2の2)　対象純支払利子等の額の損金不算入に関する明細書

対象純支払利子等の額の損金不算入に関する明細書

事業年度	・　・	法人名	

別表十七(二の二)　令六・四・一以後終了事業年度分

				円
対 象 支 払 利 子 等 合 計 額 (別表十七(二の二)付表一「11」)		1		
控 除 対 象 受 取 利 子 等 合 計 額 (別表十七(二の二)付表二「12」)		2		
対 象 純 支 払 利 子 等 の 額 (1)－(2)		3		
	所 得 金 額 仮 計 (別表四「23の①」)	4		
調整所得金額の計算	加算	当初支払利子配賦額の控除不足額の益金算入額	5		
		物損等の事実が生じた場合の資産の評価損の損金算入額	6		
		通算法人の合併等があった場合の欠損金の損金算入額 (別表四付表「9の①」)	7		
		対 象 純 支 払 利 子 等 の 額 (3)	8		
		減価償却資産に係る償却費の額	9		
		貸 倒 れ に よ る 損 失 の 額	10		
		匿名組合契約等により匿名組合員に分配すべき利益の額	11		
		小 計	12		
	減算	受 取 配 当 等 の 益 金 不 算 入 額	13		
		特別償却準備金に係る益金算入額 (別表十六(九)「27の計」)	14		
		特 定 子 法 人 の 課 税 対 象 金 額 等	15		
		調整対象超過利子額の損金算入に係る特定子法人の課税対象金額等 (別表十七(二の三)「21」の合計)	16		
		匿名組合契約等により匿名組合員に負担させるべき損失の額	17		
		小 計	18		
		法 人 税 額 か ら 控 除 さ れ る 所 得 税 額 (別表六(一)「6の③」)	19		
		非適格合併又は残余財産の全部分配等による移転資産等の譲渡利益額又は譲渡損失額	20		
	調 整 所 得 金 額 (4)＋(12)－(18)＋(19)＋(20) (マイナスの場合は0)	21		

			円
当 期 損 金 算 入 限 度 額 (21)×20%	22		
損金不算入額の計算	(3)－(22) (マイナスの場合は0)	23		
国の外特例との支配株主等に係る調整に係る負債の利子等の課税	別表十七(一)「28」、「29」、「30」又は「31」	24		
	(23) ＞ (24) の 場 合 (23)	25		
	(23) ≦ (24) の 場 合	26	0
	措置法第66条の5の2第6項の適用の有無	27	有 ・ 無
			円
	調 整 対 象 金 額 に 係 る 調 整 額 (別表十七(二の二)付表三「13」)	28		
	損 金 不 算 入 額 ((25)－(28))又は(26)	29		
恒久的施設帰属資本相当額に対応する負債の利子の損金不算入制度との調整に係る負債の利子の額の計算	別 表 十 七 の 二 (二) 「 12 」	30		
	(23) ＞ (30) の 場 合 (23)	31		
	(23) ≦ (30) の 場 合	32	0
	措置法第66条の5の2第9項の適用の有無	33	有 ・ 無
			円
	損 金 不 算 入 額 (31)又は(32)	34		

別表17(2の2)付表1　対象支払利子等合計額の計算に関する明細書

対象支払利子等合計額の計算に関する明細書

事業年度	・　・	法人名	

別表十七(二の二)付表一　令六・四・一以後終了事業年度分

対象支払利子等合計額の計算

項目	No.	円		項目	No.	円
支払利子等の額	1		対象外支払利子等の額の計算	支払利子等を受ける者の課税対象所得に含まれる支払利子等の額((8)及び(9)に該当するものを除く。)	5	
(1)のうち外国法人の恒久的施設から本店等に対する内部支払利子の額	2			一定の公共法人に対する支払利子等の額((8)及び(9)に該当するものを除く。)	6	
外国銀行等の資本に係る負債の利子の損金算入制度に係る損金算入額のうち、支払利子等の額に相当するもの	3			除外対象特定債券現先取引等に係る支払利子等の額　(16の計)	7	
(1)−(3)	4			生命保険会社及び損害保険会社の締結した保険契約に係る一定の支払利子等の額	8	
				対象外支払利子等の額となる特定債券利子等の額　(22の計)＋(23の計)	9	
				対象外支払利子等の額　(5)＋(6)＋(7)＋(8)＋(9)	10	

対象支払利子等合計額　(4)−(10)	11	

除外対象特定債券現先取引等に係る支払利子等の額等の計算

債券の種類・名称	除外対象特定債券先取引等に係る平均負債残高	対応債券現先取引等に係る平均資産残高	調整後平均負債残高((12)と(13)のうち少ない金額)	調整前の除外対象特定債券現先取引等に係る支払利子等の額	(15) × $\frac{(14)}{(12)}$	対応債券現先取引等に係る受取利子等の額
	12	13	14	15	16	17
	円	円	円	円	円	円
計						

対象外支払利子等の額となる特定債券利子等の額の計算

債券の銘柄	発行年月日	発行地	特定債券利子等の額	(18)のうち支払又は交付の際、所得税の徴収が行われる特定債券利子等の額	(18)のうち特定債券利子等を受ける者の課税対象所得に含まれる特定債券利子等の額((19)に該当するものを除く。)	(18)のうち一定の公共法人に対する特定債券利子等の額((19)に該当するものを除く。)	(19)＋(20)＋(21)	簡便法による場合 (18) × (95％又は25％)
			18	19	20	21	22	23
			円	円	円	円	円	円
	・　・							
	・　・							
	・　・							
計								

別表17(2の2)付表2　控除対象受取利子等合計額の計算に関する明細書

（措法66の5の2（第3項を除く）または66の5の3（対象純支払利子等に係る課税の特例））

控除対象受取利子等合計額の計算に関する明細書

事業年度	・　・	法人名	

別表十七（二の二）付表二　令六・四・一以後終了事業年度分

控除対象受取利子等合計額の計算

国内関連者以外の受取利子等	国内関連者等以外の者から受ける受取利子等の額	1	円	支払利子等の額（別表十七（二の二）付表一「1」）	7	円
	別表十七（二の二）付表一「17」のうち国内関連者等以外の者から受ける対応債券現先取引等に係る受取利子等の額	2		同上のうち他の通算法人に対する支払利子等の額	8	
	小　計　(1)−(2)	3		除外対象特定債券現先取引等に係る支払利子等の額（別表十七（二の二）付表一「16の計」）	9	
国内関連者等から受ける受取利子等の額の合計額(21)		4		支払利子等の額の合計額(7)−(8)−(9)	10	
公社債投資信託の収益の分配の額のうち公社債の利子から成る部分の金額		5		対象支払利子等合計額（別表十七（二の二）付表一「11」）	11	
小　計　(3)＋(4)＋(5)		6		控除対象受取利子等合計額(6)×$\frac{(11)}{(10)}$	12	

国内関連者等から受ける受取利子等の額の合計額の計算

国内関連者等の名称等	氏　名　又　は　名　称	13				
	居住者・恒久的施設を有する非居住者・内国法人・恒久的施設を有する外国法人の区分	14	居住者・恒久的施設を有する非居住者・内国法人・恒久的施設を有する外国法人	居住者・恒久的施設を有する非居住者・内国法人・恒久的施設を有する外国法人	居住者・恒久的施設を有する非居住者・内国法人・恒久的施設を有する外国法人
国内関連者等から受ける受取利子等の額		15	円	円	円
同上のうち他の通算法人から受ける受取利子等の額		16			
別表十七（二の二）付表一「17」のうち国内関連者等から受ける対応債券現先取引等に係る受取利子等の額		17			
小　計　(15)−(16)−(17)		18			
法人の事業年度と同一の期間に国内関連者等が非国内関連者等から受ける受取利子等の額		19			
(18)と(19)のうち少ない金額		20			
合　計　（(20)欄の合計）				21	

別表17(2の3)　超過利子額の損金算入に関する明細書（措法66の5の3）

超過利子額の損金算入に関する明細書

事業年度	・　・ ・　・	法人名	

別表十七二の三　令六・四・一以後終了事業年度分

調整所得金額 （別表十七（二の二）「21」）	1	円	対象純支払利子等の額 （別表十七（二の二）「3」）	3	円
(1)×20％	2		(2)　＞　(3)　の　場　合 (2)－(3)	4	

事　業　年　度	超　過　利　子　額 5	調整対象超過 利子額に係る 当期損金算入額 (23) 6	差　　引 (5)－(6) 7	当期損金算入額 （当該事業年度の(7)又 は((4)－当該事業年度 前の(8)の合計額)のう ち少ない金額） 8	翌　期　繰　越　額 (7)－(8) 9
・　　・	円	円	円	円	
・　　・					円
・　　・					
・　　・					
・　　・					
・　　・					
・　　・					
・　　・					
・　　・					
・　　・					
計					
当　期　分 （別表十七（二の二）「29」 又は「34」）					

超　過　利　子　額　の　損　金　算　入　額 ((6)の計)＋((8)の計)	10	円

調整対象超過利子額に係る当期損金算入額の計算

対　象　事　業　年　度	11	・　　　　　　・ ・　　　　　　・	

対象事業年度に係る超過利子額 （対象事業年度の別表十七（二の二）「29」）	12	円	対象事業年度に係る対象支払利子等合計額 （対象事業年度の別表十七（二の二）「1」）	13	円
特　定　子　法　人　の　名　称	14				
本店又は主たる事務所の所在　国名又は地域名	15				
所　　　在　　　地	16				
特　定　子　法　人　事　業　年　度	17	・　　・	・　　・	・　　・	
(17)の期間のうち法人の対象事業年度終了の日後の期間を除いた期間	18	・　　・	・　　・	・　　・	
(13)のうち特定子法人に対して(18)の期間に支払われたもの	19	円	円	円	
調整対象超過利子額 (12)×(19)/(13)	20				
特定子法人事業年度に係る課税対象金額等 （別表十七（三の二）「28」、別表十七（三の三）「9」又は別表十七（三の四）「11」）	21				
(20)と(21)のうち少ない金額	22				
合　　　計 ((22)欄の合計)	23				

第6章

外国税額控除

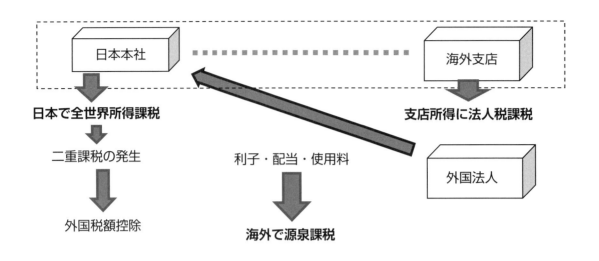

外国で納付した税金		
所得を課税標準とするもの		所得以外を 課税標準とするもの
外国法人税	外国法人税に 含まれないもの	
控除対象外国法人税	控除の対象とならない 外国法人税	

当期の所得金額に対する法人税から控除できる外国税額控除額は、次の順で控除

1	法人税、地方法人税の順に控除
2	地方税から控除（道府県民税→市町村民税の順に控除）
3	前３年内事業年度から繰り越された控除余裕額から控除
4	翌期以降３年間繰越し可能

外国税額控除

内国法人は全世界所得に対して日本の法人税が課税され、国外所得にも、外国で課税される。国外所得に対して、外国と日本の二重課税が発生するため、当該二重課税を排除するために設けられた制度。

控除対象外国法人税額の計算

(1) 外国法人税の範囲

外国税額控除の対象となる「外国法人税」とは、外国の法令に基づき外国または地方公共団体により**法人の所得を課税標準として課される税**

外国法人税に含まれる税	外国法人税に含まれない税
○　超過利潤税その他法人の所得の特定の部分を課税標準として課される税 ○　法人の所得またはその特定の部分を課税標準として課される税の附加税 ○　法人の所得を課税標準として課される税と同一の税目に属する税で、法人の特定の所得につき、**徴税上の便宜のため、所得に代えて収入金額その他これに準ずるものを課税標準**として課されるもの ○　法人の特定の所得につき、所得を課税標準とする税に代え、法人の収入金額その他これに準ずるものを課税標準として課される税	○　税を納付する者が、納付後、任意にその金額の全部または一部の還付を請求できる税 ○　税の納付が猶予される期間を、任意に定めることができる税 ○　複数の税率の中から税の納付をすることとなる者と外国もしくはその地方公共団体またはこれらの者により税率の合意をする権限を付与された者との合意により税率が決定された税（複数税率のうち最低税率（最低税率の合意がないものとした場合に適用されるべき税率を上回る場合には適用税率）を上回る部分に限る） ○　外国法人税に附帯して課される附帯税に相当する税その他これに類する税

(2) 外国税額控除の対象とならない外国法人税

外国法人税のうち、以下に掲げるものは、外国税額控除の対象から除外。

① 所得に対する負担が高率な部分の金額

　　外国法人税のうち、日本の法人税率より高い部分については、外国のみで課税され、二重課税とはならない。負担が高率な部分（外国法人税の課税標準とされる金額の35%）を超える部分は控除の対象とならない。

② 通常行われる取引とは認められない取引に係る外国法人税

③ 外国子会社配当益金不算入制度の対象となる配当等に係る外国法人税

　　外国子会社から受け取る配当金については益金不算入で二重課税とはならず、控除対象とならない。

④ 租税条約の相手国において課される外国法人税のうち、条約限度税率を超える部分に相当する金額

1 控除限度額

(1) 法人税の控除限度額

外国税額控除の控除限度額は、以下の算式で計算。

$$控除限度額 ＝ 法人税（別表1・法人税額）× \frac{国外所得金額^{※}}{全世界所得金額（別表4・差引計）}$$

※ 国外所得金額は、全世界所得の90％を上限

別表4において「控除対象外国法人税額」として加算調整。

外国税額控除の適用を受ける場合、一旦、所得金額をグロスアップ（税引前の状態に戻す）し、税額控除。したがって、税額控除の対象となる外国法人税額は、所得金額の計算において損金不算入。

別表4

区分	国内	国外	金額（国内＋国外）
当期純利益		①	①
加算			
減算			
仮計			
寄附金の損金不算入額			
法人税額控除所得税額			
控除対象外国法人税額		②	② 損金不算入
差引計		①＋②	（①＋②）×90％を限度
合計・・総計			
所得金額			

別表1

区分	国内
所得金額	
税額計算	
法人税額	
控除所得税額	
控除外国税額 一定額（②と同一ではない）	税額控除
差引所得に対する法人税額	
中間申告分の法人税額	
差引確定法人税額	

(2) 地方税の控除限度額

① 原則（標準税率を適用する場合）

道府県民税の控除限度額	法人税の控除限度額×1.0％（法人税割の標準税率）
市町村民税の控除限度額	法人税の控除限度額×6.0％（法人税割の標準税率）

② 特則（超過税率が適用される場合）

標準税率超の税率（超過税率）で法人税割を課税する都道府県または市町村に事務所等がある場合、実際に適用の法人税割の税率（実際税率）を用いて控除限度額を計算可能。

法人税の控除限度額

国外所得金額は、全世界所得の90%を上限。

外国税額控除として控除できる限度額は、各事業年度の所得に対する法人税額に、その事業年度の所得金額のうちに国外所得金額の占める割合を乗じた金額。

ただし、国外所得金額が所得金額の90%を超える場合、我が国での最低限の納税を確保するため90%が上限。また、ゼロ以下の場合はゼロ。

控除対象外国法人税の損金不算入

控除対象外国法人税について外国税額控除制度の規定の適用を受ける場合、当該控除対象外国法人税は、損金に算入されない。

地方税の控除限度額

外国税額控除の計算では、国税（法人税および地方法人税）のみでなく、地方税である道府県民税や市町村民税からも控除可能。その場合、控除対象外国法人額は、法人税の控除限度額から控除し、控除しきれない金額は、地方法人税→道府県民税→市町村民税の控除限度額から順次控除。それでも控除できない金額がある場合、翌期以降に繰越し。

道府県民税の控除限度額	・非分割法人（事務所等を1の道府県に有する法人） 　法人税の控除限度額×実際税率 ・分割法人（事務所等を2以上の道府県に有する法人） 　道府県ごとに計算した次の金額の合計額 　法人税の控除限度額×$\dfrac{その道府県における従業員数}{従業員の総数}$×実際税率
市町村民税の控除限度額	・非分割法人（事務所等を1の市町村に有する法人） 　法人税の控除限度額×実際税率 ・分割法人（事務所等を2以上の市町村に有する法人） 　市町村ごとに計算した次の金額の合計額 　法人税の控除限度額×$\dfrac{その市町村における従業員数}{従業員の総数}$×実際税率

2 国外所得金額の計算

【国外所得金額】

外国税額控除の控除限度額の計算の元となる国外所得金額は、国外源泉所得に係る所得のみについて法人税を課するものとした場合に課税標準となるべき事業年度の所得の金額。

国外所得金額は、「国外事業所等帰属所得」と「その他の国外源泉所得」に区分。

国外事業所等帰属所得

→法人税法第69条第4項第1号に掲げる国外源泉所得

→内国法人が、国外事業所等を通じて事業を行う場合、その国外事業所等がその内国法人から独立して事業を行う事業者であるとしたならば、その国外事業所等が果たす機能、使用する資産、その国外事業所等と内国法人の本店等との間の内部取引その他の状況を勘案して、その国外事業所等に帰属する所得

その他の国外源泉所得

→法人税法第69条第4項第2号から第16号までに掲げる国外源泉所得（同項第2号から第13号まで、第15号及び第16号に掲げる国外源泉所得にあっては、同項第1号に掲げる国外事業所等帰属所得に該当するものを除く）

内国法人の外国税額控除における国外所得金額

国外所得金額＝1号国外源泉所得＋2～16号国外源泉所得

（2～13号、15・16号国外源泉所得金額は、1号国外源泉所得に該当するものを除く）

国外源泉所得（法法69④）	国外事業所等あり		国外事業所等なし（日本の本店等が得る所得）（横軸で判定）
	国外事業所等帰属（縦軸で判定）	国外事業所等非帰属（日本の本店等が得る所得）（横軸で判定）	
（事業所得）			
国内にある資産の運用・保有所得【2号】			
国内にある資産の譲渡所得【3号】			
国外において行う人的役務提供事業の対価【4号】			
国外にある不動産等の貸付けによる対価【5号】			
外国法人の発行する債券の利子等【6号】			
外国法人から受け取る配当等【7号】	国外事業所等に帰せられるべき所得（注）【1号】	その他の国外源泉所得	
国外業務に係る貸付金利子【8号】			
国外業務に係る使用料【9号】			
国外事業の広告宣伝のための賞金【10号】			
国外にある営業所を通じて締結した年金契約に基づいて受ける年金【11号】			
国外営業所が受け入れた定期積金に係る給付補填金等【12号】			
国外において事業を行う者に対する出資につき匿名組合契約に類する契約に基づいて受ける利益分配【13号】			
租税条約の規定により外国において課税することができる所得【15号】			
その他国外に源泉がある所得【16号】			
国外業務に係る国際運輸業所得【14号】（注）			

（注）1号国外源泉所得からは、14号国外源泉所得（国際運輸所得）は除かれている。

（出典）財務省「平成27年度税制改正の解説」

【内国法人の外国税額控除における国外所得の金額の計算】

内国法人の外国税額控除における国外所得の金額の計算（イメージ）

国外事業所等帰属所得以外のその他の国外源泉所得

損益計算書（全体）

売上	×××
原価	×××
売上総利益	×××
販管費	×××
営業利益	×××
営業外収入	×××
営業外費用	×××
特別損益	×××
税引前当期利益	×××

左のうち国外事業所等帰属所得以外の国外源泉所得

×××
×××
×××
×××
×××

税務調整

税引前当期利益	×××
【加算】	
納付外国法人税額	×××
減価償却超過額	×××
その他	×××
【減算】	
減価償却超過額の認容額	×××
外国子会社配当の益金不算入	×××
その他	×××
当期所得	×××

左のうち国外事業所等帰属所得以外の国外源泉所得

×××
×××
×××
×××
×××
×××
共通費用の配分額　×××
×××

その他の国外源泉所得

国外事業所等帰属所得

損益計算書（外国支店A）

売上	×××
原価	×××
売上総利益	×××
販管費	×××
営業利益	×××
営業外収入	×××
営業外費用	×××
特別損益	×××
税引前当期利益	×××

※　内部取引損益を含む。

国外事業所等帰属所得の算定のための税務調整

外国支店Aの税引前当期利益	×××
【加算】	
納付外国法人税額	×××
減価償却超過額	×××
支店帰属資本に対応する利子の損金不算入	×××
その他	×××
【減算】	
減価償却超過額の認容額	×××
共通費用の配分額	×××
Tier 2負債等に係る利子の損金算入	×××
その他	×××
国外事業所等帰属所得	×××

合計額＝国外所得金額

（出典）財務省「平成27年度税制改正の解説」

共通費用の配賦

　販売費および一般管理費等の費用で国外源泉所得とそれ以外の所得の双方に関連して生じたもの（共通費用）がある場合、共通費用のうち、合理的な基準※により国外源泉所得の配分金額を国外源泉所得から控除

　※　収入金額、資産の価額、使用人の数その他の基準のうち、合理的と認められる基準。

　　　ただし、国外業務に係る収入金額の全部または大部分が利子、配当等または使用料であり、かつ、全世界所得に占める国外所得金額の割合が低いなど、課税上弊害がないと認められる場合、国外業務に関連することが明らかな費用を除き、配分を行わないことが認められている。

負債利子の配賦

　負債利子の配賦については、卸売業・製造業の場合、次の算式により配分すべき金額を計算。

・国外事業所等帰属所得への配賦

$$\text{その事業年度の共通利子の合計額} \times \frac{\text{分母の各事業年度終了の時における国外事業所等に係る資産の帳簿価額の合計額}}{\text{その事業年度終了の時およびその事業年度の直前事業年度終了の時における総資産の帳簿価額の合計額}}$$

・その他の国外源泉所得への配賦

$$\text{その事業年度の共通利子の合計額} \times \frac{\text{分母の各事業年度終了の時におけるその他の国外源泉所得の発生の源泉となる貸付金、有価証券等の帳簿価額の合計額}}{\text{その事業年度終了の時およびその事業年度の直前事業年度終了の時における総資産の帳簿価額の合計額}}$$

3 外国税額控除の適用時期

外国税額控除は、内国法人が外国法人税を納付することとなる日の属する事業年度に適用。

「外国法人税を納付することとなる日（納付確定日）」は、我が国の国税通則法の規定に準じて、以下のとおり判断。

課税方式	納付確定日
申告納税方式	申告書の提出日 （その日が法定申告期限前である場合には、その法定申告期限）
	更正または決定の通知があった日
賦課課税方式	賦課決定の通知があった日 （納期限が分割されている場合には、それぞれの納期開始の日）
源泉徴収方式	源泉徴収の対象となった利子、配当、使用料などの支払日

【確定申告等による外国法人税額】

原則	外国法人税を納付することとなる日（納付確定日）の属する事業年度
特例※	納付することが確定した外国法人税を費用として計上した日（その計上した日が外国法人税を納付した日その他の税務上認められる合理的な基準に該当する場合に限る）の属する事業年度

※継続適用を要件とする。

【予定納付または見積納付等による外国法人税額】

原則	外国法人税を納付することとなる日（納付確定日）の属する事業年度
特例※	確定申告または確定賦課等があった日の属する事業年度 （予定納付または見積納付等をした外国法人税額は、確定申告または確定賦課等があるまで仮払金等として経理）

※継続適用を要件とする。

外国法人税の換算 (法基通16-3-47)

源泉徴収に係る外国法人税	原則	費用計上時（仮払金の計上時を含む）
	例外	利子配当等の収益計上を税引き後の手取り額により経理しているような場合には、その利子、配当等の収益計上に用いるレートと同一の為替レートによって円換算
国内から送金する外国法人税		外貨建取引に関する費用の円換算の一般ルールによる
海外支店等が納付する外国法人税		本支店合併損益計算書の作成の基準とする為替相場
タックス・スペアリング・クレジットの適用金額		上記と同様の方法により換算

4 控除余裕額および控除限度超過額の繰越し

【控除余裕額および控除限度超過額の繰越し】

(1) 控除対象外国法人税額の全額を控除できない場合（控除限度超過額が生ずる場合）

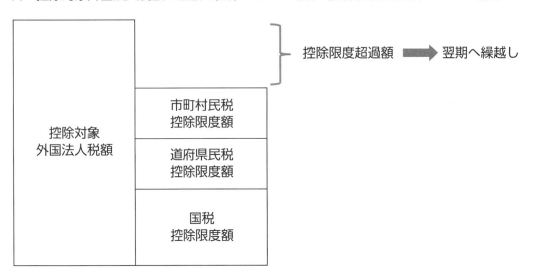

(2) 控除対象外国法人税額が控除限度額に満たない場合（控除余裕額が生ずる場合）

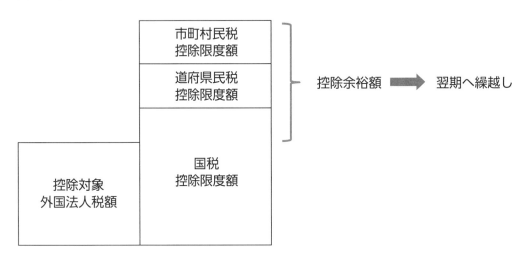

〈控除余裕額および控除限度超過額の繰越し〉

　例えば、当期に国外所得が発生したものの、これに対する外国法人税の納付が翌期となるケースのように、外国法人税の課税の対象となる国外源泉所得の発生事業年度と、当該国外源泉所得に対して課される外国法人税の納付確定日の属する事業年度にずれが生じることがある。そこで、繰越控除限度額および控除余裕額の3年間の繰越控除制度が設けられており、国外所得の発生時期と外国税額の納付確定時期のずれを調整する仕組みとなっている。

控除対象外国法人税額の全額を控除できない場合（控除限度超過額が生ずる場合）

控除対象外国法人税額が控除限度額を超える場合、その超える部分の金額（控除限度超過額）は、翌期以降3年間にわたって繰り越すことができ、繰り越した年度に控除余裕額がある場合、その控除余裕額の範囲内で控除できる。

〈控除外国税額の計算〉
① 控除対象外国法人税額＋繰越控除対象外国法人税額
② 控除限度額　法人税額×国外所得金額／所得金額
③ ①と②の少ない金額

控除対象外国法人税額が控除限度額に満たない場合（控除余裕額が生ずる場合）

控除対象外国法人税額が、控除限度額に満たない場合、その満たない部分の金額（控除余裕額）は、翌期以降3年間にわたって繰り越すことができ、繰り越した年度に控除限度超過額がある場合、その繰り越した控除余裕額の範囲内で控除することができる。

〈控除外国税額の計算〉
① 控除対象外国法人税額
② 控除限度額　法人税額×国外所得金額／所得金額＋繰越控除限度額（法人税に係る金額）
③ ①と②の少ない金額

（留意点）
・地方法人税に係る控除余裕額は繰り越すことができない。
・控除余裕額は、最も古い事業年度に生じたものから順次、その事業年度の控除限度超過額に使用する。

5 外国税額控除と損金算入との選択

〈外国税額控除と損金算入との選択〉

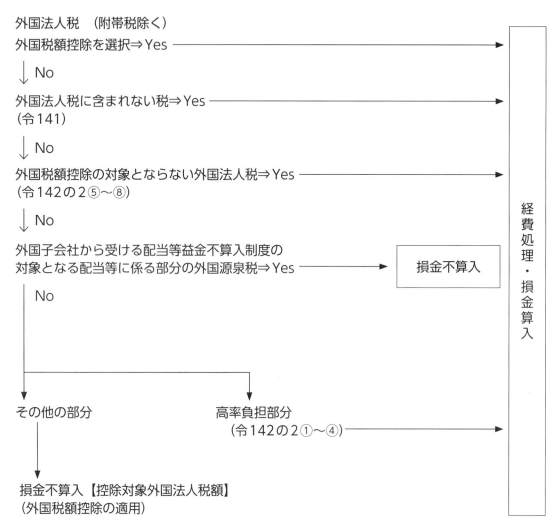

〈みなし外国税額控除〉

現状で日本との間の租税条約でみなし外国税額控除を規定しているものは以下のとおり。

条約相手国	租税条約の該当条項	対象となる減免措置
ザンビア	22条②(c)	利子、使用料
スリランカ	15条②(b)(c)	使用料　内国歳入法の特別措置
タイ	21条③④⑤	配当、使用料　投資奨励法の特別措置
中国	23条③④、交換公文	配当、利子、使用料　外国企業所得税法の特別措置
バングラデシュ	23条③④	配当、使用料、利子　特定輸出加工地区の特別措置等
ブラジル	22条②(b)	配当、使用料、利子　経済開発促進奨励の国内法の特別措置

外国税額控除と損金算入との選択

外国税額控除を適用するかどうかは、法人の選択。

外国税額控除を選択しない場合、納付した外国法人税は損金に算入。

一方、外国税額控除を選択した場合には、外国税額控除の対象となる外国法人税は、損金不算入。

通常の場合、外国税額控除を適用したほうが損金算入より有利であるケースが多いと言えるが、赤字のため課税所得が発生せず、税額控除の適用を受けることができない場合や、控除限度額が少ない場合など、損金算入のほうが有利となる可能性もあり、いずれを選択するかは慎重に判断する必要がある。

【外国税額控除と損金算入の比較】

	外税控除を選択	損金算入を選択
当期利益	1,000	1,000
控除対象外国法人税	200	
所得金額	1,200	1,000
法人税額（税率23.2％）	278	232
外国税額控除	200	
差引確定法人税額	78	232

 外税控除が有利

なお、外国税額控除と損金算入の選択は、全ての外国法人税について一括して行わなければならず、一部の外国法人税額については外国税額控除を適用、それ以外の外国法人税額について損金算入を選択できない。

ある事業年度に外国税額控除から損金算入に代えると、控除限度額の繰越しまたは余裕額の使用は打ち切り。

みなし外国税額控除

開発途上国では、自国の経済開発を促進するため、租税の優遇策を実施。しかし、優遇措置を講じても、その国で得た所得に対し日本において法人税の課税対象とした場合、日本法人は開発途上国の優遇措置のメリットを受けられない。

そこで、我が国と開発途上国との間の租税条約では、一般に、開発途上国の優遇税制の結果として免除または軽減された税額について、それを開発途上国に納付した税額とみなして外国税額控除の対象としている。これを「みなし外国税額控除」（タックス・スペアリング・クレジット）という。みなし外国税額控除は、開発途上国支援を基本目的としているため、その対象国は減少傾向。

別表6(2)　内国法人の外国税額の控除に関する明細書

（法法69（外国税額の控除）または措法66の7①（（内国法人の外国関係会社に係る所得の課税の特例））もしくは66の9の3①（特殊関係株主等である内国法人に係る外国関係法人に係る所得の課税の特例））

内国法人の外国税額の控除に関する明細書

事業年度等	： ：	法人名	

別表六(二)　令六・四・一以後終了事業年度等分

Ⅰ　法人税に係る外国税額の控除に関する明細書								国外所得対応分 ①	①のうち非課税所得分 ②
			区　　分					円	円
当期の控除対象外国法人税額（別表六（二の二）「21」）	1	円	その他の国外源泉所得に係る当期利益又は当期欠損の額	24				
当期の法人税額の控除限度額の計算	当期の法人税額　（別表一「2」-「3」)－別表六（五の二）「5の③」－別表十七（三の六）「1」)（マイナスの場合は0）	2		当期のその他の国外源泉所得に係る所得の金額の計算	加算	納付した控除対象外国法人税額	25		
	当期の所得金額の控除限度国外所得金額の計算	所得金額又は欠損金額（別表四「52の①」）	3			交際費等の損金不算入額	26		
		繰越欠損金の当期控除額（別表七（一）「4の計」）	4			貸倒引当金の戻入額	27		
		対外船舶運航事業者の日本船舶による収入金額に係る所得の金額の損金算入額（別表十（四）「20」）	5				28		
		対外船舶運航事業者の日本船舶による収入金額に係る所得の金額の益金算入額（別表十（四）「21」又は「23」）	6				29		
		組合等損失額の損金不算入額（別表九（二）「6」）	7				30		
		組合等損失超過合計額の損金算入額（別表九（二）「9」）	8				31		
		計　(3)＋(4)＋(5)－(6)－(7)＋(8)（マイナスの場合は0）	9				32		
		国外事業所等帰属所得に係る所得の金額（別表六（二）付表一「25」）	10				33		
		その他の国外源泉所得に係る所得の金額（46の①）	11				34		
		(10)＋(11)（マイナスの場合は0）	12			小　計	35		
		非課税国外所得の金額（46の②）＋（別表六（二）付表一「26」）（マイナスの場合は0）	13			貸倒引当金の繰入額	36		
		(12)－(13)（マイナスの場合は0）	14		減算		37		
		(9)×90%	15				38		
		調整国外所得金額（(14)と(15)のうち少ない金額）	16				39		
		法人税の控除限度額　(2) × (16)／(9)（通算法人の場合は別表六（二）付表五「35」）	17				40		
当期に控除できる金額の計算		法第69条第1項により控除できる金額（(1)と(17)のうち少ない金額）	18				41		
		法第69条第2項により控除できる金額（別表六（三）「30の②」）	19				42		
		法第69条第3項により控除できる金額（別表六（三）「34の②」）	20				43		
		((18)＋(19)＋(20))又は当初申告税額控除額	21				44		
		法第69条第18項により控除できる金額（別表六（二）付表六「6の計」）	22			小　計	45		
		当期に控除できる金額　(21)＋(22)	23			計　(24)＋(35)－(45)	46		

Ⅱ　地方法人税に係る外国税額の控除に関する明細書							
当期の控除対象外国法人税額　(1)	47	円	地方法人税控除限度額　(51) × (16)／(9)（通算法人の場合は別表六（二）付表五「43」）	52	円
法人税の控除限度額　(17)	48		地方法第12条第1項により控除できる金額（(49)と(52)のうち少ない金額）	53	
差引控除対象外国法人税額　(47)－(48)	49		(53)又は当初申告税額控除額	54	
課税標準法人税額（別表一「2」－「3」）	50	000	地方法第12条第8項により控除できる金額（別表六（二）付表六「13の計」）	55	
地方法人税額（50)×10.3%－(((別表六（五の二）「5の③」＋（別表十七（三の六）「1」)－(50)) と0のうち多い金額）（マイナスの場合は0）	51		外国税額の控除額　(54)＋(55)	56	

別表6(2)付表1　国外事業所等帰属所得に係る所得の金額の計算に関する明細書

（法法69（外国税額の控除））

国外事業所等帰属所得に係る所得の金額の計算に関する明細書		事業年度	・・ ・・	法人名	

国外事業所等の名称等	名　　　　　　　　称	1				
	国　名　又　は　地　域　名	2				
	所　　　在　　　地	3				
	主　た　る　事　業	4				

区　　　分		国外所得対応分 ①	①のうち非課税所得分 ②	国外所得対応分 ③	③のうち非課税所得分 ④
国外事業所等帰属所得に係る当期利益又は当期欠損の額	5	円	円	円	円
(5)のうち内部取引に係る利益又は損失の額	6				
加算	納付した控除対象外国法人税額	7				
	交　際　費　等　の　損　金　不　算　入　額	8				
	貸　倒　引　当　金　の　戻　入　額	9				
	国外事業所等に帰せられるべき資本に対応する負債の利子の損金不算入額（別表六(二)付表二「16」）	10				
		11				
		12				
		13				
		14				
	小　　　　　計	15				
減算	貸　倒　引　当　金　の　繰　入　額	16				
	銀行等の資本に係る負債の利子の損金算入額（別表六(二)付表二「20」）	17				
	保険会社の投資資産超過額に係る投資収益の益金不算入額（別表六(二)付表四「29」）	18				
		19				
		20				
		21				
		22				
	小　　　　　計	23				
仮　　　　　計　(5)＋(15)－(23)		24				
国外事業所等帰属所得に係る所得の金額　(24の①)＋(24の③)		25		円		
(25)のうち非課税所得の金額　(24の②)＋(24の④)		26				

149

別表6(2の2)　当期の控除対象外国法人税額に関する明細書

当期の控除対象外国法人税額に関する明細書

事 業 年 度	・ ・	法人名	

別表六(二の二)　令六・四・一以後終了事業年度分

				円					円
当期に納付する控除対象外国法人税額の計算	納付分	控 除 対 象 外 国 法 人 税 額 （別表六（四）「29」）＋（別表六（四の二）「25」）	1		当期に減額された控除対象外国法人税額	納 付 分 に 係 る 減 額 分 （別表六（四）「31」）	10		
		利 子 等 に 係 る 控 除 対 象 外 国 法 人 税 額 （別表六（五）「14」）	2			み な し 納 付 分 に 係 る 減 額 分 （別表六（四）「32」）	11		
	みなし納付分	控 除 対 象 外 国 法 人 税 額 （別表六（四）「30」）＋（別表六（四の二）「26」）	3			外 国 関 係 会 社 に 係 る 減 額 分 （別表十七（三の五）「36」）	12		
		利 子 等 に 係 る 控 除 対 象 外 国 法 人 税 額 （別表六（五）「15」）	4			計 （10）＋（11）＋（12）	13		
		計 （1）＋（2）＋（3）＋（4）	5		前期まで外国法人税に減額された控除対象外国法人税額のうち未充当分	・ ・ ・ ・ 期分	14		
	外 国 関 係 会 社 に 係 る 控 除 対 象 外 国 法 人 税 額 （別表十七（三の五）「37」）		6			・ ・ ・ ・ 期分	15		
	納 付 し た 控 除 対 象 外 国 法 人 税 額 計 （1）＋（2）＋（6）		7			・ ・ ・ ・ 期分	16		
	納 付 し た と み な さ れ る 控 除 対 象 外 国 法 人 税 額 計 （3）＋（4）		8			・ ・ ・ ・ 期分	17		
	計 （7）＋（8）		9			計 （14）＋（15）＋（16）＋（17）	18		
						合　　計 （13）＋（18）	19		
	（19）　－　（9）						20		
	当期の控除対象外国法人税額 （9）　－　（19）						21		

別表6(3)　外国税額の繰越控除余裕額又は繰越控除限度超過額の計算に関する明細書

外国税額の繰越控除余裕額又は繰越控除限度超過額の計算に関する明細書

事業年度	・　・	法人名	

別表六(三)　令六・四・一以後終了事業年度分

当期の控除余裕額又は控除限度超過額の計算

控除限度額等				控除余裕額			
法人税（別表六(二)「17」)又は(別表六の二「11」)	1	円		国税 (1)−(6)	7	円	
地方法人税（別表六(二)「52」)又は(別表六の二「46」)	2			道府県民税 (((1)+(2)+(3))−(6))と(3)のうち少ない金額	8		
道府県民税 ((1)×1%)又は(別表六(三)付表一「28の④」)	3			市町村民税 (((5)−(6))と(4)のうち少ない金額)	9		
市町村民税 ((1)×6%)又は(別表六(三)付表一「28の⑤」)	4			計 (7)+(8)+(9)	10		
計 (1)+(2)+(3)+(4)	5			控除限度超過額 (6)−(5)	11		
控除対象外国法人税額（別表六(二の二)「21」)	6						

前3年以内の控除余裕額又は控除限度超過額に関する明細

事業年度	区分		控除余裕額			控除限度超過額		
			前期繰越額又は当期発生額 ①	当期使用額 ②	翌期繰越額 ①−② ③	前期繰越額又は当期発生額 ④	当期使用額 ⑤	翌期繰越額 ④−⑤ ⑥
・　・	国税	12	円	円		円	外 円	
	道府県民税	13						
	市町村民税	14						
・　・	国税	15		円			外	円
	道府県民税	16						
	市町村民税	17						
・　・	国税	18					外	
	道府県民税	19						
	市町村民税	20						
・　・	国税	21					外	
	道府県民税	22						
	市町村民税	23						
・　・	国税	24					外	
	道府県民税	25						
	市町村民税	26						
・　・	国税	27					外	
	道府県民税	28						
	市町村民税	29						
合計	国税	30					外	
	道府県民税	31						
	市町村民税	32						
	計 (30)+(31)+(32)	33						
当期分	国税	34	(7)			(11)	外 別表六(二の二)「20」−(33の外)	
	道府県民税	35	(8)					
	市町村民税	36	(9)				(33の②)	
	計 (34)+(35)+(36)	37	(10)	(33の⑤)				

151

別表6(4) 控除対象外国法人税額に関する明細書

（法法69①～③（外国税額の控除）の規定もしくは法法144の2①～③まで（外国法人に係る外国税額の控除）の適用の場合または租税条約の適用を受ける場合）

控除対象外国法人税額に関する明細書

事 業 年 度	・　・　・	法人名	

別表六(四)　令六・四・一以後終了事業年度分

国　　　　　　　　　名	1						
所　得　の　種　類	2						
税　　　種　　　目	3						
納付確定日（納付すべき日）又　　は　　納　　付　　日	4	・　・	・　・	・　・	・　・	・　・	
源泉・申告・賦課の区分	5	源・申・賦	源・申・賦	源・申・賦	源・申・賦	源・申・賦	
事 業 年 度 又 は 計 算 期 間	6	：　：	：　：	：　：	：　：	：　：	
納付外国法人税額	課　税　標　準	7						
	税　　　率　（％）	8						
	税　　　　　額 (7) × (8)	9						
	税　額　控　除　額	10						
	納 付 す べ き 税 額 (9) － (10)	11						
みなし納付外国法人税額	みなし納付の基礎となる条約及び相手国の法令の根拠規定	12						
	(12)とした規定の場合の外国法人税額がないもの	課　税　標　準	13						
		税　　　率　（％）	14						
		税　　　　　額 (13) × (14)	15						
		税　額　控　除　額	16						
		納 付 す べ き 税 額 (15) － (16)	17						
	納付したとみなされる外国法人税額 (17) － (11)	18						
控除対象外国法人税額	外 国 法 人 税 額 の 合 計 (11) ＋ (18)	19						
	控 除 対 象 外 国 法 人 税 額 ((((7) 又は (13)) × 35％) と (19) のうち少ない金額)	20						
	納付分	(11)と(20)のうち少ない金額	21	(　　　円)	(　　　円)	(　　　円)	(　　　円)	(　　　円)
	みなし納付分	(20) － (21)	22	(　　　円)	(　　　円)	(　　　円)	(　　　円)	(　　　円)
外国法人税額が異動した場合	納付分	増額又は減額前の事業年度の(21)の金額	23						
		(21)≧(23)の場合 (21)－(23)	24	(　　　円)	(　　　円)	(　　　円)	(　　　円)	(　　　円)
		(21)<(23)の場合 (23)－(21)	25	(　　　円)	(　　　円)	(　　　円)	(　　　円)	(　　　円)
	みなし納付分	増額又は減額前の事業年度の(22)の金額	26						
		(22)≧(26)の場合 (22)－(26)	27	(　　　円)	(　　　円)	(　　　円)	(　　　円)	(　　　円)
		(22)<(26)の場合 (26)－(22)	28	(　　　円)	(　　　円)	(　　　円)	(　　　円)	(　　　円)

納付した控除対象外国法人税額 ((21)欄又は(24)欄の合計)	29	円	減額された納付控除対象外国法人税額 ((25)欄の合計)	31	円
納付したとみなされる控除対象外国法人税額 ((22)欄又は(27)欄の合計)	30	円	減額されたみなし納付控除対象外国法人税額 ((28)欄の合計)	32	円

第7章

外国子会社配当益金不算入制度

【外国子会社配当益金不算入制度のイメージ図】

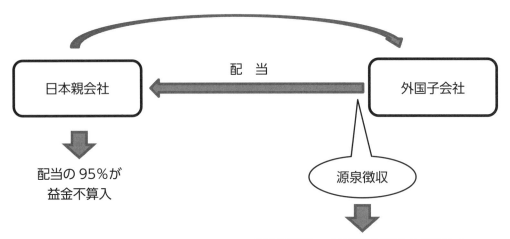

	日本親会社		外国子会社	
受取配当金	700		配当	700
配当金中外国源泉税	70			
利　益（手取額）	630			
外国源泉税の損金不算入額	70 （加算）			
外国子会社から受ける剰余金の配当等の益金不算入額	95%　665 （減算）			
所得金額	35			

（注）配当等　外国源泉税控除前の「税引前の金額」で計算

〈外国法人から受ける配当等の取扱い〉

		外国子会社以外からの配当等	外国子会社からの配当等※
配　当　等		益金算入	95％益金不算入
外国源泉税	別表4	控除対象外国法人税額（仮計の下で加算）	外国源泉税の損金不算入額（加算欄で加算）
	別表1	外国税額控除適用あり	外国税額控除適用なし

※　配当等が所在地国で損金算入される場合を除く。

外国子会社配当益金不算入制度

　内国法人が外国子会社から受ける配当は、内国法人からの配当を対象とする受取配当等の益金不算入と同様の趣旨で、その95％が益金不算入とされる制度。外国子会社に留保された利益を日本国内へ還流しやすくすることを目的。

　外国子会社からの受取配当等で、外国子会社の所在地国の所得計算上損金に算入されないものについて、益金不算入が適用。なお、外国子会社側で損金算入される場合、この対象とならず、受取法人側では、配当等が益金算入され、課された外国源泉税について外国税額控除が適用。

配当等に係る外国源泉税の取扱い

⑴　外国源泉税の損金不算入

　外国子会社から配当を受け取る場合、外国子会社の所在する国の税制により、配当の一定割合の源泉徴収が行われる場合がある。

　この外国源泉税について、外国子会社配当益金不算入制度の下では損金不算入。これは、配当の金額を益金に算入しない代わりに、外国源泉税についても損金に算入しないことで、課税所得の計算上、費用と収益を対応させようというもの。

⑵　外国源泉税の外国税額控除の不適用

　配当等に係る外国源泉税については、外国子会社配当益金不算入制度によって既に二重課税は解消されていることから、外国税額控除の対象とはならない。

適用対象となる外国子会社の要件

次の２つの要件を満たす外国法人をいう。

イ　日本親会社により、発行済株式等の25％以上の株式等を保有
ロ　配当の支払義務が確定する日以前６カ月以上継続して外国子会社の株式を保有

租税条約による要件の緩和

　我が国が締結している租税条約の中には、外国子会社の判定に用いる持株割合を25％未満に軽減している場合、租税条約による割合を用いて外国子会社を判定。

　持株要件が緩和されている租税条約には、以下の国がある。

アメリカ、オーストラリア、ブラジル、オランダ、カザフスタン	10％
フランス	15％

【ケース】

外国子会社から100の配当を受領。外国子会社所在国で、配当に10％の源泉徴収

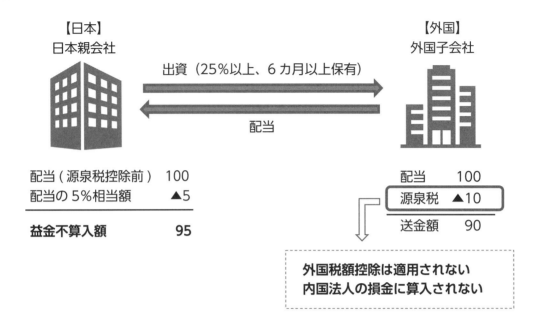

配当を受け取った内国法人では以下の会計処理が行われたとする。

（現金預金）90　　　（受取配当金）100
（租税公課）10

このケースでは、法人税申告書の別表4で以下の調整が行われる。

・外国源泉税の損金不算入額……10（加算・社外流出）
・外国子会社から受ける剰余金の配当等の益金不算入額……95（減算・社外流出）

これにより、最終的に5だけが所得金額として残ることになる。

〈外国において損金算入される配当の取扱い〉

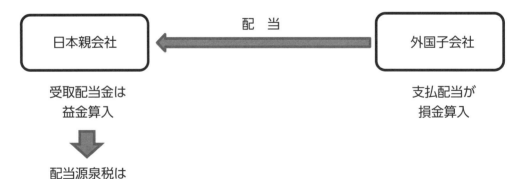

外国子会社において損金算入されている場合

内国法人が外国子会社から受ける配当等が、当該外国子会社の損金に算入される場合（例：オーストラリア子会社からの優先株式配当）、我が国で益金不算入とされると、いずれの国でも課税されない「国際的二重非課税」が生じる。そこで、内国法人が外国子会社から受ける配当の全部または一部が外国子会社の本店所在地国の法令において損金算入される場合、その配当は外国子会社配当益金不算入制度の対象外とされ、益金に算入される。これにより、外国子会社配当益金不算入制度の適用対象外とされた配当に対して課される外国源泉税は、損金に算入するか、外国税額控除の対象にできる。

外国子会社側の支払配当の取扱い	受取法人側の配当等および外国税の取扱い
損金算入されない	配当等……95％益金不算入 外国税……損金不算入
損金算入される	配当等……益金算入 外国税……外国税額控除、損金不算入

適用要件

外国子会社配当益金不算入制度の適用を受ける場合、確定申告書、修正申告書または更正請求書に益金に算入されない剰余金の配当等およびその計算に関する明細を記載した書類を添付し、かつ、財務省令で定める書類を保存することとされている。

なお、財務省令で定める書類とは、次に掲げる書類をいう。

① 剰余金の配当等を支払う外国法人が外国子会社に該当することを証する書類

② 外国子会社の剰余金の配当等に係る事業年度の貸借対照表、損益計算書および株主資本等変動計算書、損益金の処分に関する計算書その他これらに類する書類

③ 外国子会社から受ける剰余金の配当等に係る外国源泉税等がある場合、当該外国源泉税等を課されたことを証する当該外国源泉税等に係る申告書の写しまたはこれに代わるべき当該外国源泉税等に係る書類および当該外国源泉税等が既に納付されている場合はその納付を証する書類

別表8(2)　外国子会社から受ける配当等の益金不算入等に関する明細書

（法法23条の2（外国子会社から受ける配当等の益金不算入））

外国子会社から受ける配当等の益金不算入等に関する明細書			事業年度	・　・ ・　・	法人名				別表八(二)　令六・四・一以後終了事業年度分

外国子会社の名称等	名　　　　　　　　　　　称		1				
	本店又は主たる事務所の所在地	国　名　又　は　地　域　名	2				
		所　　　　在　　　　地	3				
	主　　た　　る　　事　　業		4				
	発　行　済　株　式　等　の　保　有　割　合		5	%	%	%	%
	発　行　済　株　式　等　の　通　算　保　有　割　合		6	%	%	%	%

益金不算入額等の計算	支　払　義　務　確　定　日		7	・　・	・　・	・　・	・　・
	支　払　義　務　確　定　日　ま　で　の　保　有　期　間		8				
	剰　余　金　の　配　当　等　の　額		9	（　　　　）円	（　　　　）円	（　　　　）円	（　　　　）円
	(9)の剰余金の配当等の額に係る外国源泉税等の額		10	（　　　　）円	（　　　　）円	（　　　　）円	（　　　　）円
	法第23条の2第2項第1号に掲げる剰余金の配当等の額の該当の有無		11	有　・　無	有　・　無	有　・　無	有　・　無
	益金不算入の計算の対象とならない損金算入配当等	法第23条の2第3項又は第4項の適用の有無	12	有　・　無	有　・　無	有　・　無	有　・　無
		損金算入の額の計算の対象の額	(9)の元本である株式又は出資の総数又は総額につき外国子会社により支払われた剰余金の配当等の額	13	（　　　　）円	（　　　　）円	（　　　　）円	（　　　　）円
		(13)のうち外国子会社の所得の金額の計算上損金の額に算入された金額	14	（　　　　）円	（　　　　）円	（　　　　）円	（　　　　）円
		損金算入対応受取配当等の額　(9)×(14)/(13)	15	（　　　　）円	（　　　　）円	（　　　　）円	（　　　　）円
		益金不算入の対象とならない損金算入配当等の額　(9) 又は (15)	16	（　　　　）円	（　　　　）円	（　　　　）円	（　　　　）円
		(16)に対応する外国源泉税等の額　(10) 又は ((10)×(14)/(13))	17	（　　　　）円	（　　　　）円	（　　　　）円	（　　　　）円
	剰余金の配当等の額に係る費用相当額　((9) − (16)) × 5 %		18				

益金不算入とされる剰余金の配当等の額の計算	法第23条の2の規定により益金不算入とされる剰余金の配当等の額　(9) − (16) − (18)		19				
	措置法第66条の8第2項又は第8項の規定により益金不算入とされる剰余金の配当等の額　（別表十七(三の七)「23」+「24」)		20				
	(16)のうち措置法第66条の8第3項又は第9項の規定により益金不算入とされる損金算入配当等の額　（別表十七(三の七)「25」)		21				
	(9)のうち益金不算入とされる剰余金の配当等の額　(19) + (20) + (21)		22				
	法第39条の2の規定により損金不算入とされる外国源泉税等の額　(10) − (17)		23				
	(23)のうち措置法第66条の8第14項の規定により損金不算入の対象外とされる外国源泉税等の額　（別表十七(三の七)「28」)		24				
	(10)のうち損金不算入とされる外国源泉税等の額　(23) − (24)　（マイナスの場合は0）		25				

益金不算入とされる剰余金の配当等の額の合計　((22)欄の合計)		26	円
損金不算入とされる外国源泉税等の額の合計　((25)欄の合計)		27	

第8章

グローバル・ミニマム課税

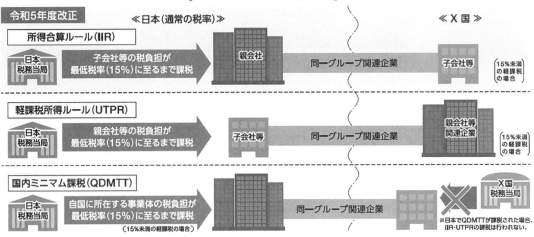

(出典) 財務省「令和5年度税制改正」

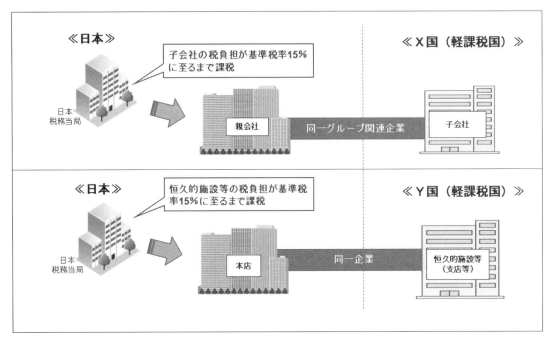

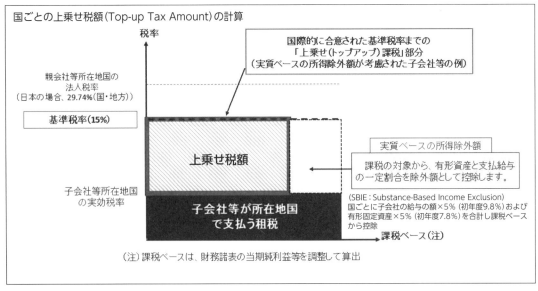

(出典) 国税庁「グローバル・ミニマム課税への対応に関する改正のあらまし」

グローバル・ミニマム課税

年間総収入金額が7.5億ユーロ（約1,100億円、1ユーロ147円換算）以上の多国籍企業を対象に、一定の適用除外を除く所得について各国ごとに最低税率15%以上の課税の確保。

法人税の国際的な引下げ競争に歯止めをかけるため、2021年10月にグローバル・ミニマム課税について国際合意。グローバル・ミニマム課税のルールのうち、所得合算ルール（IIR）に係る法制化として、各対象会計年度の国際最低課税額に対する法人税を創設。

子会社等の所在する軽課税国での税負担が基準税率15%に至るまで、日本に所在する親会社等に対して上乗せ（トップアップ）課税。

IIR：Income Inclusion Rule：所得合算ルール

UTPR：Undertaxed Payment Rule：軽課税所得ルール（令6改正以降）

QDMTT：Qualified Domestic Minimum Top-up Tax：国内ミニマム課税（令6改正以降）

課税所得等の範囲

特定多国籍企業グループ等に属する内国法人に、各対象会計年度の国際最低課税額に対する法人税が課される。

課税標準

内国法人に対して課する各対象会計年度の国際最低課税額に対する法人税の課税標準は、各対象会計年度の課税標準国際最低課税額となる。

税額の計算

内国法人に対して課する各対象会計年度の国際最低課税額に対する法人税は、各対象会計年度の課税標準国際最低課税額に90.7/100の税率を乗じて計算した金額。

なお、特定基準法人税額に対する地方法人税として、各課税対象会計年度の課税標準特定法人税額（各対象会計年度の国際最低課税額に対する法人税）に93/907の税率を乗じて計算した金額が課される。

申告および納付

特定多国籍企業グループ等に属する内国法人は、原則として、各対象会計年度終了の日の翌日から1年3月以内に、国際最低課税額確定申告書を提出。ただし、下記①の金額がない場合、申告書の提出は要しない。

① その対象会計年度の課税標準国際最低課税額

② 各対象会計年度の国際最低課税額に対する法人税その他一定の事項

上記②の金額があるときは、提出期限までに、国に納付。

令和6年4月1日以後開始対象会計年度の国際最低課税額に対する法人税について適用。

【特定多国籍企業グループ等のイメージ】

　特定多国籍企業グループ等とは、多国籍企業グループ等のうち、各対象会計年度の直前の4対象会計年度のうち2以上の対象会計年度の総収入金額が7億5,000万ユーロ以上であるもの等（法法82四）。

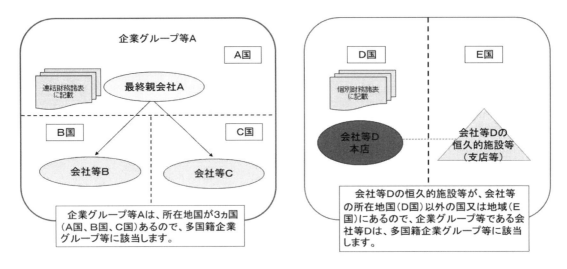

（出典）国税庁「グローバル・ミニマム課税への対応に関する改正のあらまし」

① 企業グループ等
　イ　連結等財務諸表に財産および損益の状況が連結会社等に係る企業集団のうち、最終親会社（他の会社等の支配持分を直接または間接に有する会社等）
　ロ　会社等の恒久的施設等の所在地国が当該会社等の所在地国以外の国または地域
② 多国籍企業グループ等
　企業グループ等に属する会社等の所在地国が二以上ある場合のその企業グループ等その他これに準ずるもの等

【国際最低課税額の計算のイメージ】

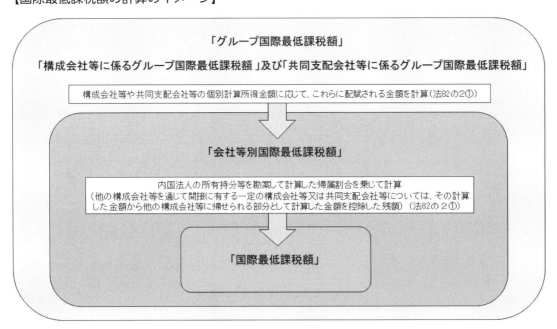

（出典）国税庁「グローバル・ミニマム課税への対応に関する改正のあらまし」

適用免除

(1) 特定多国籍企業グループ等に属する構成会社等が次に掲げる要件の全てを満たす場合、当期国別国際最低課税額は0とできる。

① その構成会社等の所在地国におけるその対象会計年度およびその直前の2対象会計年度に係るその特定多国籍企業グループ等の収入金額の平均額として一定の方法により計算した金額が1,000万ユーロに満たないこと

② その構成会社等の所在地国におけるその対象会計年度およびその直前の2対象会計年度に係るその特定多国籍企業グループ等の利益または損失の平均額として一定の方法により計算した金額が100万ユーロに満たないこと

(2) 令和6年4月1日から令和8年12月31日までの間に開始する各対象会計年度（令和10年6月30日までに終了するもの）は、国別報告事項等の記載内容に基づき、次の①～③のいずれかの要件を満たす構成会社等に係るグループ国際最低課税額の金額を0とできる。

① 次の要件を全て満たすこと

イ　国別報告事項等に記載されるその構成会社等の所在地国の収入金額に一定の調整を加えた金額が1,000万ユーロ未満

ロ　税引前当期利益の額に一定の調整を加えた金額が100万ユーロ未満

② 次の計算式によって簡便的に計算した実効税率が、次の対象会計年度の区分に応じ、それぞれに定める割合以上

$$\frac{連結財務諸表に係る法人税の額等に一定の調整を加えた金額の国別合計額}{調整後税引前当期利益の額（0を超えるものに限る）}$$

・令和6年4月1日から同年12月31日までの間に開始する対象会計年度……15%
・令和7年1月1日から同年12月31日までの間に開始する対象会計年度……16%
・令和8年1月1日から同年12月31日までの間に開始する対象会計年度……17%

③ 調整後税引前当期利益が、特定構成会社等とそれ以外の構成会社等を区分しないで計算した場合の上記グループ国際最低課税額の実質ベースの所得除外額以下であること

移行期間におけるCbCRセーフハーバー （一定の条件を満たせば課税対象から除外）

(1) 定義と期間
・移転価格税制のCbCR情報を用いて簡易にミニマム課税の免除を判定する制度
・2026年12月31日以前に開始し、2028年6月30日以前に終了する会計年度が対象
・国ごとに選択可能

(2) セーフハーバーの種類
・デミニマス要件：収入金額1,000万ユーロ未満かつ税引前利益100万ユーロ未満
・簡素な実効税率要件：国別の簡素な実効税率が基準値以上
・通常利益要件：税引前利益が実質ベースの所得除外額以下

(3) CbCRの使用に関する注意点：
・「適格CbCR」（連結財務諸表を基礎とするもの）であることが必要
・CbCRの数値をそのまま使用せず、連結パッケージの数値に遡って計算や調整が必要

(4) 計算上の主な調整：
・重要な未実現損失の足し戻し
・税効果会計の考慮
・給与費用や有形固定資産の帳簿価額など、追加情報の整理が必要

(5) 一度でも利用しないと、以降の会計年度で利用不可

〈グループ国際最低課税額等の計算等〉

構成会社等に係るグループ国際最低課税額	＝	
当期国別国際最低課税額	＋	再計算国別国際最低課税額
＋ 未分配所得国際最低課税額	－	自国内最低課税額に係る税の額

（出典）国税庁「グローバル・ミニマム課税への対応に関する改正のあらまし」

〈国際最低課税額〉

① グループ国際最低課税額の計算

（イ：国別グループ純所得の金額 − ロ：実質ベースの所得除外額）×（15％ − ハ：国別実効税率）

② 会社等別国際最低課税額の計算

上記①の「グループ国際最低課税額」を特定多国籍企業グループ等に属する構成会社等の個別所得金額に応じて配賦し、その構成会社等に帰属する金額を計算。

③ 国際最低課税額の計算

上記②の「会社等別国際最低課税額」に帰属割合（所有持分その他の事情を勘案して計算したその内国法人に帰せられる割合）を乗じて計算。

当期国別国際最低課税額

国別グループ純所得の金額から実質ベースの所得除外額を控除した残額に、基準税率15%からその所在地国における国別実効税率を控除した割合を乗じて計算した金額（法法82の2②一イ）

イ　国別グループ純所得の金額

同一の所在地国等に所在する全ての構成会社等の次のⅰからⅱを控除した残額

　　ⅰ　個別計算所得金額の合計額

　　ⅱ　個別計算損失金額の合計額

ロ　実質ベースの所得除外額

同一の所在地国等に所在する全ての構成会社等の次のⅰとⅱの合計額

　　ⅰ　給与その他の費用の5%相当額[1]

　　ⅱ　有形固定資産その他の資産の5%相当額[1]

　　※1　令和6年に開始する対象会計年度は、それぞれ9年間で5%に逓減する経過措置設定（令5改附則14⑤⑥）
　　　　　給与等の費用の額に乗じる割合：9.8%・有形固定資産等の額に乗じる割合：7.8%

ハ　国別実効税率 ＝ $\dfrac{\text{その国または地域を所在地国とする全ての構成会社等の調整後対象租税額の合計額}^{[2]}}{\text{国別グループ純所得の金額}}$

　　※2　0を下回る場合には0とし、その下回る額は翌対象会計年度以降に繰越控除（法法82の2②一イ(3)）

再計算国別国際最低課税額

その対象会計年度開始の日前に開始した各対象会計年度（以下「過去対象会計年度」）の構成会社等の所在地国に係る当期国別国際最低課税額につき再計算を行うことが求められる場合、当初の当期国別国際最低課税額がその過去対象会計年度終了の日後に生じた一定の事情を勘案して再計算をした当期国別国際最低課税額に満たないときにおけるその満たない金額の合計額（法法82の2②一ロ）。

未分配所得国際最低課税額

各種投資会社等である構成会社等に係る個別計算所得金額のうち、他の構成会社等に分配されなかった部分に対応する国際最低課税額として算出した金額（法法82の2②一ハ）。

自国内最低課税額に係る税の額

我が国以外の国または地域の租税に関する法令において、その国または地域を所在地国とする特定多国籍企業グループ等に属する構成会社等に対して課される税（その国または地域における国別実効税率に相当する割合が基準税率15%に満たない場合のその満たない部分の割合を基礎として計算される金額を課税標準とするものに限る）またはこれに相当する税の額（法法82三十一）。

〈情報申告制度〉

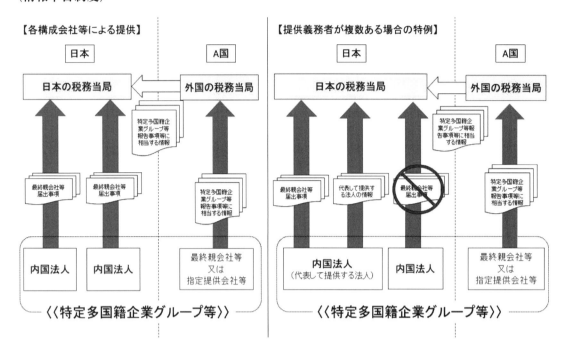

(出典) 国税庁「グローバル・ミニマム課税への対応に関する改正のあらまし」

〈提供義務の免除〉

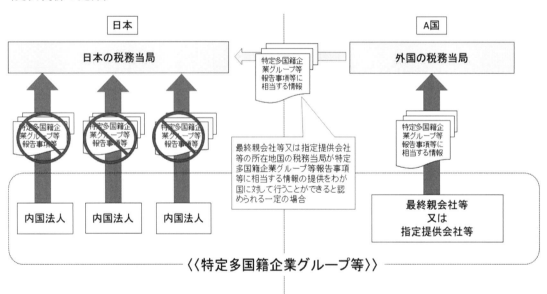

(出典) 国税庁「グローバル・ミニマム課税への対応に関する改正のあらまし」

情報申告制度

特定多国籍企業グループ等に属する構成会社等の情報を税務当局に提供する制度として、情報申告制度を創設。

⑴　特定多国籍企業グループ等報告事項等の提供

特定多国籍企業グループ等に属する構成会社等である内国法人は、その特定多国籍企業グループ等の各対象会計年度に係る次に掲げる事項（特定多国籍企業グループ等報告事項等）を、原則として、各対象会計年度終了の日の翌日から1年3月以内に、電子情報処理組織（e-Tax）を使用する方法で、所轄税務署長に提供しなければならない。

① 　特定多国籍企業グループ等に属する構成会社等の名称、その構成会社等の所在地国ごとの国別実効税率、グループ国際最低課税額その他一定の事項

② 　当期国別国際最低課税額を0とする規定（法法82の2⑥）その他特定の規定の適用を受けようとする旨

③ 特定の規定の適用を受けることをやめようとする旨

⑵　提供義務の免除

特定多国籍企業グループ等の最終親会社等の所在地国の税務当局が、特定多国籍企業グループ等報告事項等に相当する情報の提供を我が国に対して行うことができると認められる場合として一定の場合に該当するときは、上記⑴の規定は適用されない。

この場合、特定多国籍企業グループ等に属する構成会社等である内国法人は、最終親会社等届出事項（最終親会社等に関する情報として一定の事項）を、各対象会計年度終了の日の翌日から1年3月以内に、電子情報処理組織（e-Tax）を使用する方法で、所轄税務署長に提供。

別表20　各対象会計年度の国際最低課税額に係る申告書

別表二十　各対象会計年度の国際最低課税額に係る申告書……令六・四・一以後開始対象会計年度等分

税務署処理欄			
※ 所管	業種目	一連番号	
整理番号			
対象会計年度（至）	年 月 日		
申告年月日	年 月 日		
通信日付印 確認 庁指定 局指定 指導等 区分			
年月日			
申告区分			
法人税 期限後 修正 地方法人税 期限後 修正			

署受付印　　　　令和　年　月　日

税務署長殿

納税地

電話（　　）　—

（フリガナ）

法人名

法人番号 ☐☐☐☐☐☐☐☐☐☐☐☐☐

（フリガナ）

代表者

代表者住所

事業種目	
会社等の区分	最終親会社等 中間親会社等 被部分保有親会社等
最終親会社等の名称	
最終親会社等の所在地国	
旧納税地及び旧法人名等	
添付書類	最終親会社等に係る連結等財務諸表、共同支配親会社等の連結等財務諸表、最終親会社等に係る連結等財務諸表に係る勘定科目内訳明細書、共同支配親会社等の連結等財務諸表に係る勘定科目内訳明細書

令和 ☐☐年☐☐月☐☐日　　対象会計年度分の法人税　　　申告書

令和 ☐☐年☐☐月☐☐日　　課税対象会計年度分の地方法人税　申告書

税理士法第30条の書面提出有	有	税理士法第33条の2の書面提出有	有

この申告書による法人税額の計算			十億 百万 千 円
課税標準国際最低課税額（別表二十付表一「33」）	1	☐☐☐☐☐☐☐☐☐ 0 0 0
法人税額（(1)の90.7%相当額）	2	☐☐☐☐☐☐☐☐☐ 0 0

この申告書による地方法人税額の計算			十億 百万 千 円
課税標準特定法人税額（2）	5	☐☐☐☐☐☐☐☐☐ 0 0 0
地方法人税額（(5)の93/907相当額）	6	☐☐☐☐☐☐☐☐☐ 0 0

この申告が修正申告である場合			十億 百万 千 円
この申告前の法人税額	3	☐☐☐☐☐☐☐☐☐ 0 0
この申告により納付すべき法人税額（2）-（3）	4	☐☐☐☐☐☐☐☐☐ 0 0

この申告が修正申告である場合			十億 百万 千 円
この申告前の地方法人税額	7	☐☐☐☐☐☐☐☐☐ 0 0
この申告により納付すべき地方法人税額（6）-（7）	8	☐☐☐☐☐☐☐☐☐ 0 0

税理士署名	

168

別表20付表1　国際最低課税額の計算に関する明細書

国際最低課税額の計算に関する明細書	対象会計年度	： ：	法人名		別表二十付表一 令六・四・一以後開始対象会計年度分

構　成　会　社　等　（　恒　久　的　施　設　等　に　該　当　す　る　も　の　を　除　く　。　）						
構　成　会　社　等　の　名　称	1					
所　在　地　国　名	2					
(別表二十付表二「16」、「27」又は(「38」+「46」))又は(別表二十付表三(「6」+「11」)、「18」又は(「25」+「29」))	3					
帰　属　割　合	4	％	％	％	％	％
(3)×(4)	5					
(5)のうち他の構成会社等に帰せられる部分の金額	6					
(5)－(6)	7					
(7)+(別表二十付表四「13」)	8					
構　成　会　社　等　の　う　ち　恒　久　的　施　設　等　に　該　当　す　る　も　の						
構　成　会　社　等　の　名　称	9					
所　在　地　国　名	10					
(別表二十付表二「16」、「27」又は(「38」+「46」))又は(別表二十付表三(「6」+「11」)、「18」又は(「25」+「29」))	11					
帰　属　割　合	12	％	％	％	％	％
(11)×(12)	13					
(13)のうち他の構成会社等に帰せられる部分の金額	14					
(13)－(14)	15					
(15)+(別表二十付表四「13」)	16					
共　同　支　配　会　社　等　（　恒　久　的　施　設　等　に　該　当　す　る　も　の　を　除　く　。　）						
共　同　支　配　会　社　等　の　名　称	17					
所　在　地　国　名	18					
(別表二十付表二「16」、「27」又は(「38」+「46」))又は(別表二十付表三(「6」+「11」)、「18」又は(「25」+「29」))	19					
帰　属　割　合	20	％	％	％	％	％
(19)×(20)	21					
(21)のうち他の構成会社等に帰せられる部分の金額	22					
(21)－(22)	23					
(23)+(別表二十付表四「13」)	24					
共　同　支　配　会　社　等　の　う　ち　恒　久　的　施　設　等　に　該　当　す　る　も　の						
共　同　支　配　会　社　等　の　名　称	25					
所　在　地　国　名	26					
(別表二十付表二「16」、「27」又は(「38」+「46」))又は(別表二十付表三(「6」+「11」)、「18」又は(「25」+「29」))	27					
帰　属　割　合	28	％	％	％	％	％
(27)×(28)	29					
(29)のうち他の構成会社等に帰せられる部分の金額	30					
(29)－(30)	31					
(31)+(別表二十付表四「13」)	32					
国　際　最　低　課　税　額 (((8)の計)+((16)の計))+(((24)の計)+((32)の計))	33	（　　　　　　　　　　　円）				

別表20付表２　構成会社等又は共同支配会社等に係る会社等別国際最低課税額の計算に関する明細書

構成会社等又は共同支配会社等に係る会社等別国際最低課税額の計算に関する明細書　　対象会計年度　 ： ・ ： 　法人名　　　別表二十付表二　令六・四・一以後開始対象会計年度分

構成会社等又は共同支配会社等の名称	1			恒久的施設等の該当・非該当	3	該当 ・ 非該当
会 社 等 の 区 分	2	構成会社等 ・ 共同支配会社等		所 在 地 国 名	4	

所在地国における国別実効税率が15％を下回り、かつ、その所在地国における国別グループ純所得の金額がある場合

当 期 国 別 国 際 最 低 課 税 額	5			(11)の計	12	
(5)に相当する金額に対して課される自国内最低課税額に係る税の額	6			構成会社等又は共同支配会社等の個別計算所得金額	13	
(5)－(6)(マイナスの場合は０)	7			その所在地国を所在地国とする全ての構成会社等の個別計算所得金額の合計額	14	
対象会計年度別再計算課税額	8			(13)/(14)	15	％
(8)に係る対象会計年度	9	： ・ ：	： ・ ：	((7)＋(12))×(15)	16	
(8)に相当する金額に対して課される自国内最低課税額に係る税の額	10			別表二十付表四「8」の計	17	
(8)－(10)(マイナスの場合は０)	11			会社等別国際最低課税額(16)＋(17)	18	

所在地国における国別実効税率が15％以上であり、かつ、その所在地国における国別グループ純所得の金額がある場合

対象会計年度別再計算課税額	19			その所在地国を所在地国とする全ての構成会社等の個別計算所得金額の合計額	25	
(19)に係る対象会計年度	20	： ・ ：	： ・ ：	(24)/(25)	26	％
(19)に相当する金額に対して課される自国内最低課税額に係る税の額	21			(23)×(26)	27	
(19)－(21)(マイナスの場合は０)	22			別表二十付表四「8」の計	28	
(22)の計	23			会社等別国際最低課税額(27)＋(28)	29	
構成会社等又は共同支配会社等の個別計算所得金額	24					

所 在 地 国 に お け る 国 別 グ ル ー プ 純 所 得 の 金 額 が な い 場 合

対象会計年度別再計算課税額	30			別表二十付表四「8」の計	39	
(30)に係る対象会計年度	31	： ・ ：	： ・ ：	永久差異調整に係る国別国際最低課税額	40	
(30)に相当する金額に対して課される自国内最低課税額に係る税の額	32			(40)に相当する金額に対して課される自国内最低課税額に係る税の額	41	
(30)－(32)(マイナスの場合は０)	33			(40)－(41)(マイナスの場合は０)	42	
構成会社等又は共同支配会社等の再計算個別計算所得金額	34			構成会社等又は共同支配会社等の調整後対象租税額が特定調整後対象租税額を下回る部分の金額	43	
その所在地国を所在地国とする全ての構成会社等の再計算個別計算所得金額の合計額	35			その所在地国を所在地国とする全ての構成会社等の調整後対象租税額が特定調整後対象租税額を下回る部分の金額の合計額	44	
(34)/(35)	36	％	％	(43)/(44)	45	％
(33)×(36)	37			(42)×(45)	46	
(37)の計	38			会社等別国際最低課税額(38)＋(39)＋(46)	47	

別表20付表3　無国籍構成会社等又は無国籍共同支配会社等に係る会社等別国際最低課税額の計算に関する明細書

無国籍構成会社等又は無国籍共同支配会社等に係る会社等別国際最低課税額の計算に関する明細書		対象会計年度	：　　・	法人名	
構成会社等又は共同支配会社等の名称	1		会 社 等 の 区 分	2	構成会社等・共同支配会社等	恒久的施設等の該当・非該当	3	該当　・　非該当

無国籍構成会社等実効税率又は無国籍共同支配会社等実効税率が15％を下回り、かつ、個別計算所得金額がある場合

当 期 国 際 最 低 課 税 額	4		(7)に相当する金額に対して課される自国内最低課税額に係る税の額	9	
(4)に相当する金額に対して課される自国内最低課税額に係る税の額	5		(7) － (9)（マイナスの場合は0）	10	
(4) － (5)（マイナスの場合は0）	6		(10)の計	11	
対象会計年度別再計算課税額	7		別表二十付表四「8」の計	12	
(7) に 係 る 対 象 会 計 年 度	8	：　・　・	会社等別国際最低課税額(6) ＋ (11) ＋ (12)	13	

無国籍構成会社等実効税率又は無国籍共同支配会社等実効税率が15％以上であり、かつ、個別計算所得金額がある場合

対象会計年度別再計算課税額	14		(17)の計	18	
(14) に 係 る 対 象 会 計 年 度	15	：　・　・	別表二十付表四「8」の計	19	
(14)に相当する金額に対して課される自国内最低課税額に係る税の額	16		会 社 等 別 国 際 最 低 課 税 額(18) ＋ (19)	20	
(14) － (16)（マイナスの場合は0）	17				

個　　別　　計　　算　　所　　得　　金　　額　　が　　な　　い　　場　　合

対象会計年度別再計算課税額	21		別表二十付表四「8」の計	26	
(21) に 係 る 対 象 会 計 年 度	22	：　・　・	永久差異調整に係る国際最低課税額	27	
(21)に相当する金額に対して課される自国内最低課税額に係る税の額	23		(27)に相当する金額に対して課される自国内最低課税額に係る税の額	28	
(21) － (23)（マイナスの場合は0）	24		(27) － (28)（マイナスの場合は0）	29	
(24)の計	25		会 社 等 別 国 際 最 低 課 税 額(25) ＋ (26) ＋ (29)	30	

別表二十付表三　令六・四・一以後開始対象会計年度分

別表20付表4　未配分所得国際最低課税額に係る会社等別国際最低課税額及び国際最低課税額の計算に関する明細書

未分配所得国際最低課税額に係る会社等別国際最低課税額及び国際最低課税額の計算に関する明細書		対 象 会 計 年 度	：　：	法人名		別表二十付表四　令六・四・一以後開始対象会計年度分
構成会社等又は共同支配会社等の名称	1		恒久的施設等の該当・非該当	3	該当　・　非該当	
会 社 等 の 区 分	2	構成会社等　・　共同支配会社等	所 在 地 国 名	4		
対 象 株 主 等 の 名 称	5					
株 主 等 別 未 分 配 額	6					
(6)に相当する金額に対して課される自国内最低課税額に係る税の額	7					
(6)－(7)(マイナスの場合は0)	8					
帰 属 割 合	9	%	%	%	%	%
(8)×(9)	10					
(10)のうち他の構成会社等に帰せられる部分の金額	11					
(10)－(11)	12					
(12) の 計	13					

【編　者】

コンパッソ税理士法人グループ

創立1973年、2004年 コンパッソ税理士法人設立

税理士・公認会計士を含む社員250名を有する税理士法人

　「コンパッソ」とは、イタリア語で「羅針盤」という意味。15世紀末に複式簿記を発明した近代会計の父ルカ・パチョーリ博士（フィレンツェ出身）の母国語にちなんでいます。氏の簿記会計論"スンマ"は、簿記会計最古の文献として知られていますが、その中で、商人の基本条件として記帳・管理・財産等が記載されています。

　コンパッソ税理士法人グループは、スタートアップ企業、中堅中小企業や個人までの業務を中心にお客様の付加価値増大を目指し、税務、会計、コンサル、資産対策、事業承継支援、補助金支援などをワンストップでサービスを提供しております。

　コンパッソ税理士法人グループはこれからの100年に向けて、地に足をつけブレることなく、変化を創り続けます。

コンパッソ税理士法人

〈代表社員〉

税理士・公認会計士　内川 清雄（うちかわ　すみお）

〈国際事業部〉

国際事業部では、会社設立手続き、記帳業務、税務申告等への対応を支援しています。海外法人の日本進出における課題を克服し、成功の可能性を高めさせます。

・主要スタッフ

　坂本和久　弘中孝一　中谷喜也　崔炯鎭

〒150-0043　東京都渋谷区道玄坂1-10-5渋谷プレイス9F

TEL：(03)3476-2233　FAX：(03)3476-5958

URL:https://compasso.jp/

〈業務提携先〉

米国公認会計士齊藤事務所（Saito LLP）齊藤 幸喜（さいとう　こうき）

公認会計士（米国および日本）。ニューヨーク、ロサンゼルス、ハワイに拠点を持つ米国日本公認会計士齊藤事務所　Saito LLP 代表。1991年日本公認会計士資格登録、1992年ロサンゼルス事務所へ赴任。KPMGニューヨークへ移籍（監査部シニアマネージャー）。1995年カリフォルニア州公認会計士資格登録、1996年 ニューヨーク州公認会計士資格登録、2018年ハワイ州公認会計士資格登録。

【執筆者紹介】

篠田　敏（しのだ　さとし）

1982年東京国税局入局後、大規模法人および外国法人の調査を担当。主任国際税務専門官、資料調査課長を経て2018年都内税務署長を退官後、税理士登録。

2020年4月よりコンパッソ税理士法人に社員税理士として登録。

青木　裕貴（あおき　ひろたか）

1986年東京国税局入局後、東京国税局調査部にて大規模法人調査を担当。国税庁にて外国税務当局との相互協議、財務省主税局にて国際租税関連の税制改正の企画立案に従事。東京国税局調査部においては、国際課税関係業務、特に移転価格税制の調査および事前確認審査（APA）を担当。

東京国税局事前確認審査課長、都内2か所の税務署長を歴任後、2023年9月よりコンパッソ税理士法人に社員税理士として登録。

竹内　広人（たけうち　ひろと）

東京国税局入局後、主に東京国税局調査第一部国際税務専門官として、外国法人調査等の国際課税を担当。

2024年9月よりコンパッソ税理士法人に社員税理士として登録。

田中　秀和（たなか　ひでかず）

1991年東京国税局入局後、国税庁、東京国税局、税務署において査察調査に従事、東京国税局 査察調査 国際課税を主に専門として国際専門官、国税庁国際業務課 ソウル派遣および情報交換担当等に従事。2016年 国税庁 国際業務課 課長補佐を経て2018年4月よりコンパッソ税理士法人に所属。2023年4月より社員税理士として登録。

〈顧問〉

多田　恭章（ただ　やすあき）

1990年東京国税局入局後、都内税務署の法人課税部門で中小企業の法人税等の税務調査を経て、東京国税局、国税庁で国際税務、海外取引を中心とした業務に従事。

2018年国税庁 国際業務課 主査を最後に退官、税理士事務所（TOP総合会計事務所）を開業、法人の税務顧問、税務雑誌の執筆、セミナー講師等を務める。

ポンチ絵と Q&A ですぐわかる
国際税務のポイント〈法人課税編〉

2024 年 12 月 10 日　初版第 1 刷発行

編　集　コンパッソ税理士法人

発行者　延對寺 哲

発行所　株式会社 ビジネス教育出版社

〒 102-0074　東京都千代田区九段南 4 - 7 - 13
TEL 03(3221)5361(代表)／FAX 03(3222)7878
E-mail▶info@bks.co.jp URL▶https://www.bks.co.jp

印刷・製本／シナノ印刷㈱　装丁・本文デザイン・DTP ／タナカデザイン
落丁・乱丁はお取り替えします。

ISBN978-4-8283-1099-2　C2034

本書のコピー、スキャン、デジタル化等の無断複写は、著作権法
上での例外を除き禁じられています。購入者以外の第三者による
本書のいかなる電子複製も一切認められておりません。

ビジネス教育出版社 関連図書

ポンチ絵とQ&Aですぐわかる
国際税務のポイント
〈個人課税・源泉編〉

コンパッソ税理士法人／編集
A4判・128ページ　定価 2,200円（本体価格 2,000円）

◆個人の国境をまたぐ移住、非居住者等にまつわる課税
◆知らなかったでは済まない国際源泉課税
◆国税当局による海外情報の収集方法 etc.
……実務担当者が知りたい国際課税の要点に絞り、ビジュアル・
　　コンパクトにまとめた書（2023年11月刊）

目 次

第1章
居住者・非居住者等への課税の仕組み
・居住者の判定と課税の仕組み
・非居住者の国内源泉所得に対する課税の仕組み
・非居住者が国内の不動産を売却した場合
・非居住者が国内の不動産を賃貸する場合
・非居住者が内国法人の株式を譲渡した場合
・非居住者に退職金を支払う場合
・国外に居住する親族に係る扶養控除等
・納税管理人の選任と役割
・海外勤務者の確定申告
・居住者に係る税額控除
・外国親会社からのストックオプション等のインセンティブ報酬
・国外転出時課税の仕組みと納税猶予

第2章　海外取引と源泉徴収
・源泉徴収の対象となる海外取引
・源泉所得税調査のターゲットとなりやすい法人

・源泉徴収免除制度
・みなし国内払い
・海外勤務のために出国する場合の年末調整
・出国後に支給される給与・賞与の取扱い
・人的役務提供事業の対価
・配当の取扱い
・使用料の取扱い
・貸付金利子の取扱い
・海外で勤務する役員の報酬
・自由職業者へ支払う報酬
・外国人留学生に支払うアルバイト代

第3章 国際関係の法定調書
・国外財産調書
・国外送金等調書
・国外証券移管等調書

第4章
海外取引に係る情報交換制度
・情報交換ネットワーク
・CRS（共通報告基準：Common Reporting Standard）